D1986169

In der Serie
HEYNE-ANTIQUITÄTENBÜCHER
sind außerdem erschienen:

Möbelstilkunde · 4324
Porzellan · 4340
Zinn · 4358
Gläser · 4370
Bauernmöbel · 4391
Englische Möbel · 4405
Jugendstil · 4409
Silber · 4414
Teppiche · 4428
Faustfeuerwaffen · 4436
Spielzeug · 4440
Art Déco · 4445
Uhren · 4448
Afrikanische Kunst · 4454
Antiquitäten als Kapitalanlage · 4467
Deutsche Möbel des Barock und Rokoko · 4469
Gewehre · 4463
Netsuke · 4474
Gründerzeit · 4479
Münzen des Mittelalters und der Neuzeit · 4485
Böhmische Gläser · 4492
Schmuck · 4501
Alter Hausrat · 4507
Antike Kleinkunst · 4516
Gobelins · 4523
Biedermeier · 4530
Antiquitäten als Hobby · 4538
Deutsche Fayencen · 4545
Asiatika · 4565
Münzen des Altertums · 4569
Lampen 1890—1930 · 4581

Antiquitäten

WALTER SPIEGL

MEISSNER PORZELLAN

Mit über 200 Abbildungen

Originalausgabe

WILHELM HEYNE VERLAG
MÜNCHEN

HEYNE-BUCH Nr. 4577
im Wilhelm Heyne Verlag, München

Umschlagfoto: Krinolinengruppe »Der polnische Handkuß«, modelliert von Kaendler um 1744. Angeblich handelt es sich bei den dargestellten Personen um August III. und Maria Josepha von Habsburg

Umschlagfoto Rückseite: Zwei Deckelbecher und Deckeltasse mit Untersatz, bemalt mit bunten Chinesenszenen. Höroldt-Malerei um 1723/1724

2. Auflage
Copyright © 1978 by Wilhelm Heyne Verlag, München
Printed in Germany 1980
Zeichnungen: Holger Majorahn, München
Umschlagfotos: Christie's, London
Umschlaggestaltung: Atelier Heinrichs, München
Satz: Schaber, Wels/Österreich
Druck und Bindung: Friedrich Pustet, Regensburg

ISBN 3-453-41250-8

Inhalt

Vorwort

Über Meißner Porzellan ist viel geschrieben worden, die Liste der Bücher, die sich damit beschäftigen, ist lang. Aber bis auf ganz wenige Titel — sie sind im Literaturverzeichnis am Ende dieses Buches vermerkt — findet man sie nicht mehr im Buchhandel, allenfalls in Antiquariaten oder in Auktionskatalogen zu sehr beachtlichen Preisen. Meißen-Literatur ist also ebenso gesucht wie die schönen Erzeugnisse dieser wohl bekanntesten Porzellanmanufaktur.

Neben der Absicht, dem Sammler und Liebhaber Meißner Porzellans einen reich bebilderten, handlichen und preiswerten Führer zu bieten, ist dies mit einer der Gründe für das Zustandekommen dieses Buches. Es kann und will nicht den Anspruch erheben, über das umfangreiche Sammelgebiet in aller Ausführlichkeit zu berichten, aber ich hoffe, daß es mir gelungen ist, dem Leser in Text und Bild einen umfassenden und sinnvollen Überblick zu geben. Wenn dies der Fall ist, hat mein Buch seinen Zweck erfüllt.

Mein Dank gebührt allen jenen, die mich bei meiner Arbeit unterstützt haben, vor allem aber meinem Verleger, Herrn Rolf Heyne, der es mir in Würdigung des Themas gestattete, ein Manuskript zu verfassen und eine Fotoauswahl zu treffen, die in Umfang und Reichhaltigkeit über das hinausgehen, was für ein Taschenbuch aus kalkulatorischen Gründen sonst üblich ist. Besonders möchte ich mich auch bei den Herren von Christie, Manson & Woods, Ltd. in London bedanken für deren großzügige Hilfsbereitschaft bei der Zusammenstellung des Fotomaterials.

Grafing bei München *Walter Spiegl*

Frühes ostasiatisches Porzellan

Vereinzelt gelangen im frühen Mittelalter Stücke chinesischen Porzellans aus den islamischen Ländern über Konstantinopel, Venedig und Genua als seltene und bisher unbekannte Kostbarkeiten in die Schatzkammern der geistlichen und weltlichen Fürsten Europas. Schon seit dem 9. Jahrhundert nach Christus verkehren Schiffe mohammedanischer Händler zwischen dem persischen Golf und Kanton; ein stärkerer Einfluß ostasiatischer Keramik auf die Keramik des islamischen Kulturbereichs und mit ihr das Porzellan als ihr edelstes Erzeugnis macht sich erst als Folge der Mongolenherrschaft im 13. und 14. Jahrhundert bemerkbar.

Wir wissen von Porzellanstücken, die als Geschenke ägyptischer Sultane nach Europa kamen, an den Hof Karls IV. von Frankreich, in den Palast Lorenzo Medicis und in spanische und französische Schlösser. Gefäße aus Porzellan werden in alten Inventarlisten aus dem 14. und 15. Jahrhundert aufgeführt. Ob es sich bei allen wirklich um echtes Porzellan gehandelt hat oder nur um porzellanähnliche Gegenstände, ist nicht nachprüfbar. Die Stücke sind verschollen, wahrscheinlich ebenso zufällig, wie sie dem Besitzstand des jeweiligen Fürsten zugeführt wurden, als Kuriositäten aus fernen Ländern, deren Wert und Bedeutung eines Tages verblaßte.

Seine eigentliche Bedeutung als ein besonderes keramisches Produkt gewinnt das Porzellan erst um die Mitte des 16. Jahrhunderts, als es in größeren Mengen in Europa eingeführt wird. Marco Polos Berichte über chinesische Porzellangefäße in allen Größen scheinen, nachdem er um 1300 aus China und Indien nach Venedig zurückkehrte, auf geringes Interesse gestoßen zu sein.

Dies ändert sich, nachdem Vasco da Gama 1498 den Seeweg nach Indien um das Kap der Guten Hoffnung zum erstenmal befährt und direkten Kontakt zwischen Europa und Ostasien herstellt. 1516 ankert das erste portugiesische Schiff vor Kanton, 1557 wird in Macau die erste portugiesische Handelsniederlassung gegründet.

Schätze aus dem Fernen Osten, darunter auch Porzellan, bereichern die Sammlungen an den europäischen Fürstenhöfen: Manuels des Großen (1495 bis 1521) in Lissabon, Franz I. (1515 bis 1547) von

Frankreich, auf Schloß Ambras in Tirol und der herzoglichen Kunstkammer in München. Viele dieser nach europäischen Kunstbegriffen jener Zeit einfachen Porzellangefäße, meist Vasen, Schalen und Kummen, werden — um ihren Wert hervorzuheben und um sie vor Beschädigung und Bruch zu schützen — von europäischen Goldschmieden mit prächtigen Silbermontierungen im Stil der Zeit um 1580 versehen.

Nachdem Spanien in das Geschäft mit fernöstlichen Ländern eingestiegen ist, beteiligen sich auch England und vor allem Holland an dem lukrativen Handel. Auf die Gründung der englischen Ostindischen Kompanie folgt 1602 die holländische Compagnie des Indes, in der den Portugiesen eine starke Konkurrenz erwächst. Den Holländern gelingt es in kurzer Zeit, die Portugiesen fast vollständig aus dem Geschäft zu drängen. Von allen Erzeugnissen des Fernen Ostens, die holländische Schiffe nach Europa bringen, steht an erster Stelle das Porzellan. Berücksichtigt man die Schwierigkeiten und Probleme, mit denen der Seehandel zu jener Zeit fertig werden mußte, dann erreichten diese Porzellanimporte tatsächlich erstaunliche Mengen und können fast als Massenware angesehen werden.

1604 erlebt Amsterdam die erste Versteigerung ostasiatischen Porzellans, 60 Tonnen aus der Ladung einer von den Holländern gekaperten portugiesischen Karake. Wie schnell es den Holländern gelingt, den Portugiesen den Rang abzulaufen, wird auf der drei Jahre später stattfindenden Amsterdamer Auktion deutlich, auf der von den Holländern direkt erworbenes Porzellan unter den Hammer kommt. 69 057 Stück Porzellanteile hat ein Schiff an Bord, das 1615 in Amsterdam einläuft, 1734 löscht ein anderes Schiff 80 000 Paar Kaffeetassen, 300 000 Teetassen, 2000 Fruchtschalen, 1658 Rosenwasserfläschchen und 187 *pots de nuit.*

Aus dem früher als fürstliches Geschenk nach Europa gekommenen Porzellangegenstand, dieser Kuriosität aus fernen Erdteilen, ist eine Handelsware geworden, jedoch begehrt und teuer — zu kostspielig für den täglichen Gebrauch. In Europa beginnt man Tee, Kaffee und Kakao zu trinken, Getränke, deren Genuß erst wirklich vollkommen ist, wenn sie in Porzellankannen serviert und aus Porzellantassen getrunken werden. Porzellan füllt nicht mehr nur die fürstliche Schatzkammer, sondern ziert die höfische Tafel. Es tritt an die Stelle der

Teller *der Famille verte mit dem Wappen des Spencer Compton (um 1666 bis 1743), späterer Earl of Wilmington. K'ang-hsi-Periode, 1662—1722*

Service aus Gold und Silber, und als Ludwig XIV. von Frankreich sein silbernes Tafelservice einschmelzen läßt, um fortan von Porzellantellern zu essen, geschieht dies nicht nur, weil Edelmetalle knapp zu werden beginnen und als Zahlungsmittel dringend gebraucht werden, sondern weil die Vorliebe für Porzellan sich inzwischen zu einer wahren Porzellanbegeisterung gesteigert hat, von der die Höfe Europas ohne Ausnahme erfaßt werden.

China liefert inzwischen Porzellan auch auf Bestellung. Wohl der erste Europäer, der ein Wappenservice in China bestellt, ist der Sieur de Beaumarchais, der zur Zeit Heinrichs IV. von Frankreich (1589 bis

Kühlgefäß *mit Ormulu-Montierung. Christusdarstellung auf Vorder- und Rückseite, symmetrisches Rankenwerk und Tulpen in Blau und Weiß. Chinesisches Exportporzellan, nach europäischem Geschmack dekoriert. K'ang-hsi-Periode. Montierung aus der Regence-Zeit*

1610) lebte. Diese Wappenservice bleiben ein beliebter Artikel und werden besonders nach 1700 zu einem Exportschlager.

In den dreißiger Jahren des 17. Jahrhunderts nehmen die Holländer Holzmodelle als Vorlagen mit nach China, Geschirre und Service werden nach europäischen Musterzeichnungen dekoriert. Die geschäftstüchtigen Chinesen erfüllen die Wünsche ihrer europäischen Kundschaft mit Sorgfalt. Neben Wappen und Insignien werden im Verlauf auch immer häufiger figürliche Darstellungen verlangt, aus der Sagenwelt der Antike, des höfischen Lebens und religiösen Inhalts, alles Themen, die der ostasiatischen Lebensart fremd sind und deren Umsetzung in Bilder entsprechend eigenartige Ergebnisse zeitigen mußte. Ein Urteil des Paris, eine Kreuzigung Christi sieht, von chinesischer Hand gemalt und mit europäischen Augen betrachtet, fernöstlich verfremdet aus. Das Motiv entspringt zwar dem westlichen Kulturkreis, die Wesenszüge der dargestellten Personen, Flora und Fauna drücken die Auffassung des Ostens aus. Die Beflissenheit der Chinesen, sich in der Ausführung der Dekorationen dem Geschmack des Westens anzupassen, geht sogar so weit, daß sie Europäer anwerben, die in den Porzellanfabriken Zeichenunterricht geben sollen.

Unter Kaiser K'ang-hsi (1662 bis 1722) erlebt China einen wahren Exportboom für Porzellan, aus dem nicht zuletzt die Compagnien großen Vorteil ziehen. Sie sind nicht zimperlich, wenn es um die Festsetzung der Preise geht, und Porzellan muß mit Gold bezahlt werden; denn China liefert nur gegen goldene Münze und keineswegs billig. Hinzu kommt der lange und teure Transportweg.

Teller *aus chinesischem Porzellan, nach europäischer Vorlage dekoriert in Eisenrot und Gold: musizierende Gesellschaft, Apfelernte und Parforcejagd. Yung-Chêng-Periode, 1723—1735*

Achteckiger Teller *der Famille verte. Fasanen zwischen Kiefer und Päonien. Randmuster auf grünem Grund. K'ang-hsi-Periode. Motive dieser Art dienten als Vorlage für die Bemalung früher Meißner Porzellane*

Die Extravaganzen der Fürsten beginnen die nicht gerade üppigen Staatsfinanzen erheblich zu belasten. Die Überlegung, das kostbare Gut im eigenen Lande herstellen zu lassen, gewinnt zunehmend an Bedeutung. Aber so verlockend die Idee auch ist — und ganz im Sinne des von Frankreich ausgehenden Merkantilismus —, so unüberwindbar scheinen die Schwierigkeiten. Keinem Europäer war bisher die Nacherfindung des Porzellans geglückt, und die Chinesen denken nicht daran, den »weißen Teufeln« das Geheimnis der Porzellanherstellung zum Geschenk zu machen und sich das einträgliche Geschäft zu verderben.

Die ersten keramischen Erzeugnisse in Europa

Hätte man Marco Polos Aufzeichnungen, in denen er »eine gewisse Art von Erde« erwähnt, »die sie wie Erz graben«, mehr Beachtung geschenkt, statt sich von später entstandenen Berichten in die Irre führen zu lassen, wäre man dem angestrebten Ziel vermutlich schneller nähergekommen. Aber man findet Gefallen an Phantastereien ähnlich der Art, Porzellan bestehe aus Seemuscheln, Schneckenhäusern und Eierschalen, die hundert Jahre im Boden gelegen haben müssen, und verstellt sich damit den Blick auf die wahren Zusammenhänge. Dies ist auch dann noch der Fall, als in der zweiten Hälfte des 16. Jahrhunderts Veröffentlichungen über die Produktionsmethoden chinesischen Porzellans im Druck erscheinen.

Die erste solche Schrift in deutscher Sprache erscheint 1597 in Leipzig, die »Historien und Bericht von dem newlicher Zeit erfundenen Königreich China« worin der Geschichtslehrer Matthäus Dresser auch auf die Herstellung des Porzellans eingeht. Auch hier ist die Rede von »einer harten Kreiden Erde ... welche die reinest Porcellanas gibt«. Noch 1656 sieht der anonym gebliebene Autor der »Abentheur von allerhand Mineralien in den uhralten Königreich Sina etc.« Veranlassung, die »Eierschalen- und Meermuschln-Theorie« als ein »Lächerlich erdichtes Werck« zu geißeln, wahrscheinlich ohne wirklich Gehör zu finden, denn 1669 schreibt Johann Nieuhoff, »eine subtile, zarte, magere, weißlichte Erde, die erst mit Wasser gemenget, geweichet, geknöttet, zu viereckichten Stücken gemachet werde« sei der Grundstoff, aus dem die Chinesen ihr Porzellan fertigten.

Allein, in Europa kann man mit diesen mageren Angaben nichts anfangen. Sollten sie Denkanstöße gegeben haben, so ist von greifbaren Ergebnissen allerdings nichts bekannt. Zu lange hat man sich mit Versuchen beschäftigt, die in die falsche Richtung führten.

»Wo kein Kaolin, da ist kein Porzellan«, schreibt Jakob von Falke in einem 1889 erschienenen Aufsatz und faßt in einem Satz zusammen, was alle jene übersehen hatten, die sich mit der Nacherfindung des Porzellans in Europa beschäftigten. Die Ergebnisse ihrer Versuche haben ihnen allenfalls gezeigt, was Porzellan nicht ist. Erst die moderne Forschung hat es ermöglicht, genau zu bestimmen, was Porzellan wirklich ist.

Gustav Weiß definiert es wie folgt: »Ein harter, dichter, weißer und transparenter keramischer Werkstoff, dessen charakteristischer kristalliner Bestandteil der Mullit ist. Dieses Material, das in der Natur nur im Basalt vorkommt, bildet sich aus den Zerfallsprodukten des Kaolins beim Erhitzen«[1]. Vom Milchglas unterscheidet es sich nur durch seinen höheren und andersartigen Kristallgehalt und den Vorteil, daß es bei Raumtemperatur geformt werden kann.

Es liegt daher nahe, daß man in Gebieten Europas, in denen die Glasfabrikation heimisch war, sich zuerst mit Versuchen beschäftigt, chinesisches Porzellan nachzuerfinden. In Venedig soll der Alchimist Antonio San Simeone um 1470 versucht haben, unter Verwendung von Bologneser Erde Porzellan zu erzeugen. 1518 ist es der deutschstämmige Spiegelmacher Leonardo Peringer, der ebenfalls in Venedig die gleichen Ambitionen wie Maestro Antonio hat. Über den Erfolg, der beiden Männern vielleicht beschieden war, wissen wir heute nichts. In Venedig kannte man jedenfalls um diese Zeit ein mit Zinnoxiden gefärbtes Milchglas unter der Bezeichnung *Vetro di latte* und eine Porzellan-Nachahmung, die man *porcellana contrafatta* nennt. Alle Bemühungen, mit den Mitteln der glastechnischen Fabrikation zum echten Porzellan zu finden, mußten jedoch scheitern, da Porzellan ein keramisches Produkt ist.

Ein solches ist auch die Majolika. Sie hat nicht die Eigenschaften, die zum Beispiel das Milchglas wegen seiner weißen Farbe, Transparenz, Dichtigkeit und Härte dem Porzellan so ähnlich macht. Sie ist porös, also saugend, nicht weiß und nicht transparent, aber sie läßt sich bei Normaltemperatur formen.

Wie die Glasmacher in Venedig, haben sich auch die Majolikatöpfer chinesische Porzellangefäße als Vorbild genommen und verwenden zu Beginn des Cinquecento einen Dekor, den sie *alla porcellana* bezeichnen, vorwiegend Ranken in Blaumalerei auf weißem Grund. Im 16. Jahrhundert beschäftigt man sich in den Majolikafabriken auch mit der Nacherfindung des Porzellans, wenn auch ohne greifbare Ergebnisse.

Mehr Glück als dem Camillo Gatti von Urbino der für seinen Herzog Alfonso II. von Ferrara alchimistische Versuche anstellt, ist

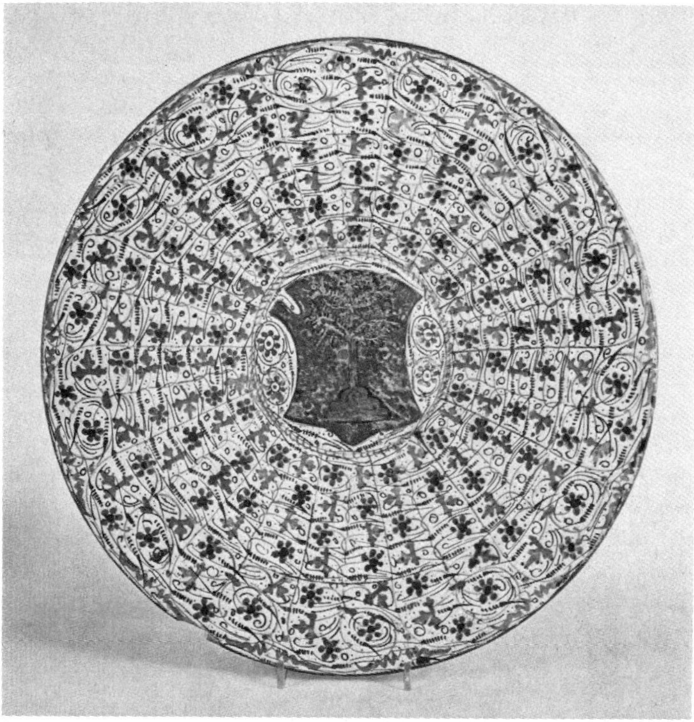

Fayence-Wappenteller *in spanisch-maurischem Stil, Farben Blau und Kupferlüster. Um 1440*

dem Michelangelo-Schüler Bernardo Buontalenti (1535 bis 1608) beschieden. Ihm, dem vielseitig begabten Maler, Bildhauer und Ingenieur, fällt die Ehre zu, als der Erfinder des Medici-Porzellans in die Geschichte einzugehen. In seinem Fürsten, dem Großherzog Francesco Maria I. Medici von Florenz, hat er einen von den Geheimnissen der Alchemie faszinierten Gleichgesinnten gefunden. Zehn Jahre sollen die gemeinsamen Versuche gedauert haben, bis es gelingt, unter Verwendung einer bei Vicenza gefundenen weißen Erde mit leichtem Kaolingehalt, ein hartes, steinzeugartiges Frittenporzellan herzustellen. Der gelbe, unreine Scherben ist als Malgrund allerdings erst tauglich, nachdem man ihn mit einer weißen Zinnglasur überzogen hat. Er wird *alla porcellana* bemalt, vorwiegend mit Motiven aus Flora und Fauna in blauer Farbe.

1576 ist man so weit, Medici-Porzellan fabrikmäßig herzustellen. Nach 1620 scheint das Interesse allerdings nachgelassen zu haben. Spätere Bemühungen führen nur zu einem porzellanartigen Geschirr

Majolika-Vase *mit dem Wappen Alfonsos, Herzog von Kalabrien, in den Farben Blau, Türkis und Ocker. Vermutlich Faenza, um 1480*

Kanonikus Manfred Settala, *nach einem Stich von Giovanni Battista Bonacina, 1666*

mit starkem Majolika-Charakter. Dabei war Italien nahe daran, alle anderen europäischen Länder auf der Suche nach dem Geheimnis des Porzellans zu überflügeln. Der Mailänder Kanonikus Manfred Settala (1600 bis 1680), ein gelehrter Mann von internationalem Ruf, scheint sich mit der Nacherfindung des Porzellans eingehend und mit Erfolg beschäftigt zu haben. Im Rahmen einer Beschreibung seiner beachtlichen Sammlung von Kuriositäten, wissenschaftlichen Geräten und Gegenständen, die 1664 erscheint, wird ein Gefäß aus Porzellan aufgeführt und die Gelehrtenwelt auf diese Tatsache aufmerksam. Der sächsische Mathematiker und Physiker Walther von Tschirnhaus reist 1676 eigens nach Mailand, da ihn die Versuche Settalas mit dem Brennspiegel interessieren. Und obwohl ihm Settala in alle seine Erfindungen und Geheimnisse Einblick gewährt, setzt Tschirnhaus enttäuscht seine Reise nach Venedig und Rom fort. Das Tschirnhaus am meisten interessierende Geheimnis, das der Porzellanherstellung, hat ihm der alte Gelehrte nicht verraten wollen. Er scheint es dann mit ins Grab genommen zu haben.

Der wirtschaftliche Aufschwung Frankreichs im 17. Jahrhundert, vor allem auf der Grundlage des von Colbert eingeführten Systems des Merkantilismus, schafft die Voraussetzungen für Manufakturneugründungen und gibt die Anregung zu neuen Erfindungen und ihrer fabrikmäßigen Nutzung.

1664 erteilt Ludwig XIV. dem Pariser Fayencetöpfer Claude Réverend als erstem ein Privileg zur Erzeugung von Porzellan nach einer von ihm gemachten Erfindung. Réverend hatte die Töpferkunst in Holland erlernt, wo er sich viele Jahre aufhielt, und bei seiner Erfindung, über die nichts mehr bekannt ist, scheint es sich nicht nur um eine Nachahmung holländischer Fayencen gehandelt zu haben, da ihm in diesem Fall das Privileg sicher verweigert worden wäre.

In Rouen wurden seit 1530 vorzügliche Fayencen hergestellt, und auch hier bemüht man sich um die Nacherfindung des Porzellans. Etwa zehn Jahre nach Réverend wird Louis Poterat aus Rouen vom König privilegiert und darf Porzellan »Nach dem Muster des chinesischen« herstellen. Aus Poterats Fayencefabrik kommen zwischen 1673 und 1696, dem Todesjahr Poterats, Gegenstände aus Weich- oder Frittenporzellan, von denen das Victoria & Albert Museum einige besitzt.

Für Frittenporzellan wird kein Kaolin verwendet. Es ist eine Alkali-Fritte mit Kreide und geschlämmtem Kalk, mit einer weichen Bleiglasur überzogen und leicht ritzbar, also für den Gebrauch von Metallbestecken nur bedingt geeignet. Dagegen erlaubt die leuchtende Glasur eine farbenprächtige Bemalung, was besonders den Dekorationsstükken aus dieser *pâte tendre artificielle* zugute kommt.

Poterat und Réverend gelten als die Erfinder des französischen Frittenporzellans, von bester Qualität sind aber erst die Stücke aus der Fabrik von Pierre Chicaneau. Er besitzt in Saint-Cloud bei Paris eine Fayencefabrik und verwendet für sein Frittenporzellan eine in der Nähe gefundene weiße Erde. 1698 heiratet seine Witwe Henry Trou, unter dessen Leitung die Fabrik und ihre Erzeugnisse in ganz Europa bekannt werden. Ihre führende Stellung können auch nicht die Bemühungen von Barthélemy Dorez und Pierre Pelissier in Lille erschüttern, noch die 1722 gegründete Fabrik der Witwe eines Sohnes von Pierre Chicaneau.

Neben den Handwerkern sind es in Frankreich die Wissenschaftler, die auf ihre Weise versuchen, dem Geheimnis des Porzellans auf die Spur zu kommen. Mittelpunkt ist die Academie Royale des Sciences in Paris, ein Treffpunkt der Naturforscher. Zu ihnen zählt Francois Vilette aus Lyon, der durch seine Erfindung der Brennspiegel bekannt geworden ist. Diesen Brennspiegeln zur Erzeugung hoher Temperaturen für Schmelzvorgänge kommt im Rahmen der Versuche, das Porzellan nachzuerfinden, besondere Bedeutung zu. Manfred Settala in Mailand hat erfolgreich damit gearbeitet, und auch der deutsche Wis-

Majolika-Schüssel *auf niedrigem Fuß, blau bemalt und goldbraun lüstriert. Deruta, um 1520*

senschaftler Walther von Tschirnhaus wird, wie wir später sehen werden, mit ihnen Schmelzversuche anstellen.

Man hat inzwischen erkannt, daß die für den Fayencebrand ausreichenden Temperaturen für das Schmelzen von anderen Erdgemischen zu niedrig sind. Die Brennspiegel machen es möglich, höhere Hitzegrade zu erreichen und Schmelzversuche mit feuerfesten Erden anzustellen, wobei sich herausstellt, daß die Schmelztemperaturen schneller erreicht werden, wenn den Erden ein weiterer Stoff als Flußmittel zugemischt wird. Das ist an sich keine neue Feststellung; man kennt das von der Glaserzeugung, wo dem Gemenge ebenfalls ein Flußmittel beigegeben wird, die Pottasche.

Aber es kommt entscheidend auf die richtigen Erden, Zusätze und Mischverhältnisse an, und um die herauszufinden, bedarf es langer und systematisch betriebener Reihenversuche.

Alle diese Experimente und Versuche, die Arbeit in den Fayencefabriken wie in den Experimentierstuben der Naturforscher, tragen mit dazu bei, der Lösung näherzukommen. Der englische Maler und Kupferstecher Francis Place scheint fast am Ziel gewesen zu sein; Leibniz schreibt 1694 in einem Brief an Tschirnhaus: »Mit porcellan ist ein Großes in England geschehen.« Aber Place geht das Geld aus, bevor er seine Versuche zu einem vielleicht erfolgreichen Ende hätte bringen können. Der Zufall will es, daß die Nacherfindungen des Porzellans zwei Deutschen gelingt.

Deutschland hat, verglichen mit Italien, Frankreich und auch England, bisher verhältnismäßig wenig zu den Vorbereitungen beigetragen. Der Scharlatan und Gelegenheitserfinder Johann Joachim Becher kommt mit seinen Projekten, aus denen er vorwiegend in Mainz, München und Wien Geld herauszuschlagen sucht, über eine Porzellannachahmung aus Glas, »welches ich zu Wien haben machen lassen von Bein-Aschen« nicht hinaus, erkennt aber später, 1682, nach neuen Experimenten, diesmal auf keramischem Gebiet, die Notwendigkeit »eines Leimen (Lehm) welcher halb durchsichtig ist«. Vage Erkenntnisse also, die andere vor ihm längst gemacht hatten.

Ein Mann, den weder Mißerfolge nach Knausrigkeit resignieren lassen und der bis zu seinem Tode auf das gesteckte Ziel hinarbeitet, ist Ehrenfried Walther von Tschirnhaus. Dank seiner Vorarbeiten gelingt es Friedrich Böttger, in Deutschland das Porzellan zu erfinden.

Die Nacherfindung des Porzellans in Sachsen

Die Zeit, in die Tschirnhaus' erste Versuche fallen, das Porzellan nachzuerfinden, sind in starkem Maße geprägt von den Auswirkungen des Westfälischen Friedens, der das alte Kaisertum vernichtet, der Habsburgs Macht in Deutschland geschwächt, das Reich nach außen zur Bedeutungslosigkeit reduziert und im Innern in große und kleinste Herrschaftsgebiete zersplittert hat. Demgegenüber erreicht Frankreich als Einheitsstaat eine bisher nie besessene Macht.

Ludwig XIV. hat 1661, nach dem Tode des Kardinals Mazarin, die Regierungsgeschäfte selbst übernommen. Unter ihm strebt der Absolutismus seinem Höhepunkt entgegen, der Adel wird zum abhängigen Hofadel, das Parlament in seinen Rechten eingeschränkt. Symbolisch für das höfische Gepräge ist der Bau des Versailler Schlosses. Französisches Hofzeremoniell wird vorbildlich für die anderen europäischen Fürsten, die von Colbert eingeführte Planwirtschaft, der Merkantilismus als Voraussetzung für eine Industrialisierung mit Hilfe neuer Fertigungsmethoden, Zöllen und Arbeitslenkung, wird in anderen Ländern übernommen.

Die Erholung des Reiches von den Kriegsfolgen geht langsam voran. Der Große Kurfürst Friedrich Wilhelm (1640 bis 1688) legt den Grundstein für den Aufstieg Brandenburg-Preußens, in Sachsen widmet sich Ernst der Fromme von Sachsen-Gotha dem Wiederaufbau des Landes und dem Erziehungswesen, während Österreich unter Kaiser Leopold I. (1658 bis 1705) schon auf dem Weg zur Großmacht ist.

Frankreichs Einfluß auf den Gebieten der Politik und Wirtschaft hat seine Parallelen im Kultur- und Geistesleben, am augenfälligsten wohl in der Mode. Der französische Einfluß dominiert, und man orientiert sich, wenn nicht nach der letzten, dann zumindest nach der vorletzten Mode, je nachdem, wie weit man von Paris entfernt lebt.

Aber der Bau von Versailles, die in deutschen Landen neu entstehenden Schlösser und Abteien können nicht darüber hinwegtäuschen, daß in den europäischen Ländern noch mittelalterliche Zustände herrschen. Bis weit ins 18. Jahrhundert hinein tragen die Städte das Gesicht des 17. Jahrhunderts. Strohgedeckte Häuser sind keine Selten-

Ehrenfried Walther von Tschirnhaus, *nach einem Stich von Martin Beringeroth*

heit, Papier ersetzt die Fensterscheiben. Der Schmutz auf der Straße muß erschreckend gewesen sein, nicht nur in Potsdam, wo man auf Stelzen gehen mußte, wer keine Equipage besaß, sondern auch in Paris, aus welchem eine prominente Zeitgenossin schreibt, daß nichts stinkender und säuischer sei als diese Stadt.

Um die Landstraßen ist es nicht besser bestellt. Von Magdeburg bis Berlin ist man drei Tage unterwegs und auf Reisen vor Unfällen und Straßenräubern nicht sicher, mit ein Grund, weshalb die meisten Menschen über den Umkreis ihrer Stadt nie hinauskommen, selbst diejenigen nicht, die sich die hohen Kosten von einem Dukaten pro Meile vielleicht hätten leisten können.

Auf Reinlichkeit wird kein Wert gelegt. Badewannen und Waschgeschirre sind so unbekannt wie Aborte. Die Wache im Berliner Schloß verwendet als Abtritt die Galerie vor den Räumen der Prinzessin Wilhelmine. Wer sich wäscht, beschränkt sich auf Gesicht und Fingerspitzen und benützt statt des Wassers ein parfümiertes Tuch. Dafür wird

August der Starke,
nach dem Gemälde von Louis Silvestre

um so ausgiebiger geschnupft, wovon sich auch die Damen der Gesellschaft nicht ausschließen, denen nicht nur schmutzige Nasen nachgesagt werden, sondern ein in besonders krassen Fällen recht übler Geruch.

Zu rüden Sitten im Umgang gesellen sich entsprechende Tischmanieren. Ludwig XIV. bedient sich mit den Fingern, und auch die Damen greifen bei Tisch ungeniert zu. Den eigenen Löffel taucht man in alle Schüsseln. Erst in den achtziger Jahren des 18. Jahrhunderts befleißigt man sich in Hamburg der feinen englischen Art und gibt zu jedem Gericht saubere Messer und Gabeln.

Aber auf das Porzellan, den Luxusartikel, das Statussymbol, wollte man nicht verzichten. Mögen auch die Sitten andere gewesen sein, eine prächtig gedeckte Tafel wurde erst wirklich schön durch erlesenes Porzellangeschirr.

Zwei Namen sind mit der Nacherfindung des Porzellans in Europa untrennbar verbunden: Ehrenfried Walther von Tschirnhaus und Johann Friedrich Böttger. Zu allen Zeiten haben sich die Gelehrten darüber gestritten, wer von beiden als der Erfinder des Porzellans anzusprechen sei, und entweder die Seite des einen oder anderen vertreten. Es soll kein Kompromiß sein, wenn man heute der Ansicht zuneigt, beide haben auf ihre Weise dazu beigetragen, wobei die günstigen Zeitumstände keine unmaßgebliche Rolle spielten.

Dank der zahlreichen vorhergegangenen Versuche kannte man den Unterschied zwischen echtem Porzellan, Beinglas, Glasfritte, Weichporzellan, Majolika und Fayence. Man wußte sehr genau, worauf man sich zu konzentrieren hatte, nämlich *»une terre préparée, qui s' émaille avec l'émail blanc«*, wie es der Franzose Haudicquer de Blancourt in seinem 1697 in Paris herausgekommenen Buch »De l'Art de la Verrerie« beschreibt.

Ehrenfried Walther von Tschirnhaus stammt aus einem böhmisch-mährischen Adelsgeschlecht und ist am 10. April 1651 in Kießlingswalde in der Lausitz geboren. Nach seinem Studium an der Universität Leiden begibt er sich 1674 auf Reisen, die ihn nach London und Paris an die Académie des Sciences führen, wo er Leibniz begegnet und wo er mit dem eisernen Brennspiegel François Vilettes Versuche mit Tonerde anstellt. In Mailand, wohin Tschirnhaus gegen Ende des Jahres 1676 reist, bemüht er sich vergebens, von dem Kanonikus Manfred Settala etwas über dessen Geheimnis, *den porcellan* zu machen, zu erfahren.

Nachdem er 1679 aus Italien in seine Heimat zurückgekehrt ist, beschäftigt er sich mit der Verbesserung der Brennspiegel und entwickelt den Brennspiegel aus poliertem Kupfer. Bis 1682 hält er sich wieder im Ausland auf, wird in Paris als auswärtiges Mitglied in die Akademie aufgenommen. In Holland, das als Hauptland der keramischen Industrie in Europa große Anziehungskraft auf ihn ausübt, widmet er sich dem Studium keramischer Öfen. Seine Versuche mit Brennspiegeln setzt er in der Heimat fort, wobei er Metalle und andere Materialien wie Ziegel und Asbest verflüssigt. Um eine noch höhere Schmelztemperatur zu erreichen, arbeitet er mit Glaslinsen, die er in einer eigens dafür eingerichteten Glashütte mit einem wassergetriebenen Schleif- und Polierwerk herstellen läßt. Zielstrebig treibt er in Kießlingswalde die Versuche mit Erden voran.

In einem Brief an Leibniz vom 27. Februar 1694 erwähnt er, daß bei seinen Versuchen, aus Tonerde »den Porcellan zu bereiten«, ihm Proben gelungen seien. Den gegenständlichen Beweis dafür bleibt er allerdings schuldig, denn auf Leibniz' Bitte hin übersendet er ihm im Oktober 1694 nur ein mit Hilfe des Brennspiegels vergoldetes Stück chinesisches Porzellan und vertröstet Leibniz damit, daß er selbst nur »ein Stückchen noch von dem Artificiosen Porzellan« habe und erst etwas vorzeigen wolle, »sobald von solchen in der Perfection Gefäße gemacht«.

Tschirnhaus scheint mit den Ergebnissen seiner Experimente selbst nicht zufrieden gewesen zu sein, denn er arbeitet zunächst an der Verbesserung seiner Brennspiegel — mit großem Erfolg. 1696 unterbreitet er Kurfürst Friedrich August I. von Sachsen (August dem Starken) verschiedene Vorschläge, und konzentriert sich auf die Auffindung von Edelsteinvorkommen und anderer Bodenschätze in Sachsen. Er gründet Schleif- und Poliermühlen und Glashütten.

Die modernen leistungsstarken Öfen der Glashütte erlauben es Tschirnhaus, seine Experimente, bei denen er bisher auf seine Brennlinsen und einfachen Öfen angewiesen war, fortzuführen. Mit dem Umgang mit Kolditzer Ton und kaolinhaltiger Schnorrscher Erde ist er durch Arbeiten auf anderem Gebiet vertraut.

In der Glashütte an der Ostra läßt er Gefäße »aus der von ihm im Laboratorium gefundenen Porzellanmasse« [2] brennen. Wieder reist er nach Holland, um sich in Delft über Brennöfen und Glasur zu informieren. Auch zu einem Porzellanhausmaler in der Nähe von Breslau nimmt er Verbindung auf. »Gemeint ist wohl ... Preußler, von dem wir wissen, daß er schon damals chinesisches Porzellan in einem neuen Brand mit neuem Dekor zu versehen imstande war[3].« Preußler ist wegen seiner Porzellanmalereien und seiner Bemalung von schlesischem Glas mit Schwarzlot bekannt.

Auf den Besuch in Delft folgt unmittelbar anschließend ein Abstecher nach Paris. Aus Saint-Cloud nimmt er verschiedene Stücke Weichporzellan mit, die »mir aber hernach von selbst zersprangen«, obwohl sie sehr viel teurer waren als gutes Porzellan.

Hofmann erwähnt, daß Tschirnhaus dem deutschen Chemiker Wilhelm Homberg, mit dem er befreundet war und der im Dienste des Herzogs Philipp von Orleans stand, im Austausch gegen verschiedene *secrèts de chimie* in sein Geheimnis von der Porzellanherstellung einweihte. Ob Homberg dieses Geheimnis nicht auswerten konnte, weil am Ende wohl doch nur wieder Weichporzellan dabei herauskam, oder ob er sich an das Versprechen gehalten hatte, es zeit seines Lebens bei sich zu behalten, läßt sich den Quellen nicht entnehmen.

Seinen König, August den Starken, scheint Tschirnhaus' Arkanum nicht sonderlich interessiert zu haben. Die Entscheidung über Tschirnhaus' Vorschlag, der König solle ihm dafür 2000 Taler zahlen und ein Labor einrichten, wurde immer wieder hinausgeschoben. Hatte der König nun kein Geld, weil er es zur Finanzierung des Nordischen Krieges (1700 bis 1706) brauchte, verkannte er die Bedeutung des Vorschlags oder war er ganz einfach nicht davon überzeugt, daß Tschirnhaus echtes Porzellan würde herstellen können? Tschirnhaus, dem die Mittel ausgegangen waren — er hatte alle seine Reisen und Experimente bisher selbst finanziert und nur davon profitiert, daß ihm gewisse Einrichtungen zur Benutzung zur Verfügung standen, so die Öfen der neuen Glashütte, wo er »ein stettes fewer umbsonst« hatte —, kehrt nach Kießlingswalde und zu seinen Versuchen zurück. Hier soll es ihm nun gelungen sein »vollständige Gefäße aus Porzellan herzustellen«[4]. Da erreicht ihn ein königliches Dekret, demzufolge er, im Zusammenwirken mit dem Bergrat Pabst von Ohain, die Aufsicht über Böttger und seine Arbeiten zu übernehmen habe. Allerdings ging es nicht um die Nacherfindung des Porzellans, sondern um den »Proceß zum Universal«, die Alltinktur.

Dieser Friedrich August Böttger, am 4. Februar 1682 in Schleiz geboren und im Haus seines Stiefvaters Tiemann in Magdeburg aufgewachsen, war schon während seiner Lehrzeit bei dem Apotheker Zorn in Berlin in den Geruch eines Scharlatans geraten. Er gab vor, sei es nun aus Geltungssucht oder mit betrügerischen Absichten, von dem griechischen Mönch Lascaris das Geheimnis der »Alltinktur« erfahren zu haben. Mit diesem Elixier war man nach Auffassung der damaligen Zeit imstande, aus geschmolzenen unedlen Metallen Gold zu machen,

Johann Friedrich Böttger. *Porzellanrelief*

unter der Voraussetzung, daß derjenige, der dies versuchte, über die erforderlichen fachlichen und mystischen Fähigkeiten verfügte.

Es ist bezeichnend für jene Epoche, daß die Chemie trotz des Wirkens von Robert Boyle, eines Gottfried Wilhelm Freiherr von Leibniz und anderen auf den Erkenntnissen des 1541 in Salzburg gestorbenen Arztes und Naturforschers Philippus Aureolus Theophrastus Paracelsus fußte und auf dessen Theorie, daß alle Stoffe aus drei Urstoffen bestehen: aus Schwefel (dem brennbaren Prinzip, also dem Sauerstoff), Quecksilber (das in der Hitze sich verflüchtigende) und Salz (als den feuerbeständigen Rückstand)[5]. An die alchimistische Theorie, daß aus Allem Alles werden könne, glaubten damals und auch später noch nicht nur ambitionierte junge Leute wie Böttger, sondern wesentlich erfahrenere Chemiker. Davon ließ man sich auch nicht abbringen, denn die Vorstellung, aus geringwertigem Metall könne Gold werden, wenn man nur lange genug experimentiere, war allzu verlockend und geisterte auch durch die Köpfe der Fürsten und Könige, deren Staatssäckel an permanenter Auszehrung litten.

Auch Böttger wird fest daran geglaubt haben, bestimmt während seiner Berliner Zeit, denn er hatte sich der Alchimie mit Haut und Haaren verschrieben und erwartete von ihr, daß sie ihn »dereinst steinreich machen werde«[6]. Sein Ziel stand somit fest, und die Absicht, nicht nur zu bescheidenem Wohlstand zu kommen, sondern wirklich reich zu werden, wird wohl auch das Motiv für seine späteren Unternehmungen gewesen sein. Nicht wissenschaftliche Forschung lag ihm am Herzen, sondern die Erlangung von Reichtum mit den ihm zu Gebote stehenden Mitteln.

Daß er damit eine in wahrstem Sinne des Wortes halsbrecherische Wanderung auf schmalem Grat beginnt, muß ihm selbst klar gewesen sein. Von seinen Experimenten erfährt jedenfalls nicht nur Leibniz, sondern auch Friedrich I. von Preußen, der sich für den angeblichen Goldmacher zu interessieren beginnt. Böttger, der es aus gutem Grund auf eine Demonstration seiner »Fähigkeiten« unter so risikobehafteten Umständen nicht ankommen lassen will, entweicht rechtzeitig nach Wittenberg, wo er Medizin studieren wollte. Aber knapp fünf Wochen nach seiner Ankunft kommt August der Starke dem König von Preußen zuvor und läßt Böttger unter Bewachung nach Dresden bringen. Hier soll Böttger als privilegierter Gefangener des Königs für die Sanierung der miserablen Staatsfinanzen sorgen, zu welchem Zweck der König bereitwillig Geld und Leute zur Verfügung stellt. In Dresden kommt es auch zur ersten Begegnung zwischen Böttger und Tschirnhaus im Jahr 1702.

Im Jahr darauf versucht Böttger, sich seiner ungemütlichen Lage durch die Flucht nach Böhmen zu entziehen. Er wird jedoch sehr schnell aufgegriffen, kommt als Gefangener auf den Königstein und anschließend wieder nach Dresden, wo er nun unter Aufsicht von Tschirnhaus und Pabst auf Befehl des Königs weiter an der »Universaltinktur« zu arbeiten beginnt.

Was den König daran hindert, den erfolglosen, wenn auch trickreichen angeblichen Goldmacher zu durchschauen und kurzerhand aufhängen zu lassen, wissen wir nicht. Vielleicht hat Tschirnhaus ein wenig die Hand im Spiel gehabt. Als aufgeschlossener und gelehrter Naturwissenschaftler muß er Böttgers Eiertanz zwar längst durch-

Rotes Steinzeug *mit plastischem Blütenbelag und Silbermontierung. Marke Ary de Milde. Delft, 1680—1708. Delfter Steinzeug wurde in der Frühzeit der Meißner Manufaktur abgeformt, wobei auch die Marke »Ary de Milde« bisweilen mit übernommen wurde*

schaut haben, aber er könnte in Böttger den Mann gesehen haben, der ihm indirekt dazu verhelfen konnte, was ihm August der Starke 1701 ausgeschlagen hatte, die Finanzierung eines eigenen Labors, in welchem er allerdings kein Gold, sondern »nur« echtes Porzellan herstellen will.

1705 wird der König allmählich ungeduldig. Angeblich 40 000 Taler habe er schon in Böttgers Experimente investiert, nun wolle er endlich Resultate sehen; wenn schon kein Alchimistengold, dann wenigstens etwas anderes und in ähnlichem Sinne nützliches.

Die Idee des Merkantilismus war auch von den anderen europäischen Staaten aufgegriffen worden. Durch Ausbau und Förderung der Gewerbebetriebe, Verstärkung des Exports und hohe Zölle auf Einfuhren von Fertigwaren sollten der nationale Reichtum und die Macht des Staates vergrößert werden. Sachsen braucht neue Manufakturen.

Inzwischen muß dem König durch die Berichte von Tschirnhaus und Pabst von Ohain klar geworden sein, daß in absehbarer Zeit aus Böttgers Alchimistenküche keine verwertbaren Ergebnisse kommen würden. Und Tschirnhaus erkennt die günstige Gelegenheit, um seine dem König 1701 unterbreiteten Vorschläge zu erneuern.

In Dresden wird damit begonnen, in den Kellergewölben der sogenannten Jungfer, der Ostbastei der Brühlschen Terrasse, die Räume für ein Laboratorium herzurichten. Tschirnhaus solle also sein Laboratorium bekommen, das er sich seit Jahren vom König erbeten hatte. Auch die 2000 Taler scheint ihm August der Starke bewilligt zu haben, wenn auch später; denn in einer königlichen Resolution heißt es: »Seynd wir gnädigst erinnert, daß wir dem von Tzirnhausen zu einem gewißen Behufe 2561 Thaler haben auszahlen lassen, wollen auch daß diese Summe ohne fernere Rechnung passire, die ausgestellten Wechsel und Quittungen aber Tzirnhausen wieder extradiret werden mögen.« Hofmann vermutet, daß sich dahinter die Abfindung für das Arkanum des Tschirnhaus verbirgt.

Seit 1705 arbeitete Böttger auf der Albrechtsburg in Meißen an ersten Versuchen, eine hochgebrannte Keramik zu entwickeln. Einer seiner Helfer, der Bergmann Paul Wildenstein aus Freiberg, berichtete darüber in einer Niederschrift aus dem Jahre 1736: »... 1706 bin ich zu dem Paron[7] Böttger nach Meißen gekommen, ins geheime Laboratorio, und sind mit ihm alda 18 Wochen eingesperrt gewesen, daß auch sogar die Fenster über die Helffte vermauret gewesen, und ist der Herr von Tzschirnhaußen offte von Dresden bey uns gewesen, wie auch der Herr Bergrath Pabst von Freyberg, und wir haben ein Laboratorium von 24 Öfen gehabt, und hat der Herr Paron und Tzschirnhaußen auch schon immer in Rothen Porcellain Proben gemacht von Täffelgen und marmorierten Fließgen.«

»... Alß wir 18 Wochen sind da gewesen, so ist der Herr von Tzschirnhaußen mit dem seeligen Fürsten von Fürstenberg seinen Hoffmeister, Herrn Burghart zu uns nach Meißen gekommen, und uns die Post gebracht, daß wir dem Herrn Paron seine und unsre Sachen zusammenpacken, wir müßten weiter, weil der Schwede rein kähme.«

Böttger zieht am 5. September 1706 in die Festung Königstein um.

Am 22. September 1707 holt Tschirnhaus Böttger von der Festung ab und bringt ihn nach Dresden. Der Augenzeuge Wildenstein berichtet: »Unter deßen war vor uns auff der so genannten Jungfer ein Hauß gebauet worden, da wir nachher runter kahmen, und alles recht wilde in den Gewölben aus sahe, und haben wir müßen recht arbeithen, daß es nachher einem Laboratorio ähnlich sehe, da denn der Herr von Tzschirnhaußen alles mit angab, und anfingen zu laborieren, da den unter andern auch immer Proben von Rothen Porcellain gemacht wurden, wie auch in weißen, und habe ich und Köhler fast täglich vor dem großen Brenn Glaße stehen mußen, und Mineralien davor probiret, da ich auch meine Augen verderbet, daß ich in der Ferne wenig erkennen kann.«

Daraus geht hervor, daß in den Öfen Brennversuche mit Gefäßen aus rotem und weißem Porzellan angestellt wurden. Wildenstein spricht im Zusammenhang mit dem »großen Brenn Glaße« von Mineralien, was bedeuten könnte, daß diese Versuche nicht dem Porzellan selbst galten, denn man hatte schon rotes und weißes, sondern daß man daran arbeitete, in Reihenversuchen das Schmelzverhalten und die Schmelztemperaturen anderer Zusammensetzungen zu ermitteln, vielleicht der Glasur oder von Schmelzfarben.

»Als aber der Herr sahe, daß die Proben immer besser wurde, so bathe es sich der Paron bey Ihro May. auß, daß doch seine Leuthe Ausgang bekommen möchten, daß er sich könte holen laßen, waß er nöthig darzu haben möchte, von Materialien und anderen Sachen, weil wir ebenfalls wieder eingesperrt waren, welches er auch gerne erhielte.«

Hier erfahren wir nun, daß Tschirnhaus, denn nur er kann es gewesen sein, den Wildenstein als Herr bezeichnete, dem König nicht direkt seine Bitte vortragen konnte, sondern Böttger, mußte dies tun.

Demnach muß Böttger auch administrative Aufgaben zu erfüllen gehabt haben, zu denen die Besoldung der Mitarbeiter gehörte. In einem »Von Sr. Königl. Majestät eigenhändig approbirtem Besoldungs-Reglement d. d. 12. Januar 1708 für das von Böttgern zu Absolvirung seiner Geschäfte angenommenen Personale, Sowohl denjenigen Personen, welche von Ihr. Königl. Majestät selbst mir Johann Friedrich Böttgern zugeordnet, alß auch Derer Leute, so mit Ihr. Maj. allergnädigster Bewilligung zu meiner Arbeit und Bedienung durch mich angenommen worden ...« steht an zweiter Stelle und zu ersterem Personenkreis zählen »Hr. Rath Ehrenfried Walther v. Tschirnhaus«, der vom Dezember 1707 an 100 Taler zu bekommen habe. Unter den Arbeitern »in dem Laboratorio auf der Vestung« befinden sich auch Paul Wildenstein und David Köhler, deren Arbeit bereits vom Oktober 1707 an zu besolden war.

Und ebenfalls von Oktober bzw. Dezember 1707 an waren »Die Arbeiter in dem Laboratorio bey dem Tzschirnhauß« zu besolden, drei Männer, darunter ein Küchenjunge[8].

Mögen Böttgers Geschäfte vielseitiger Natur gewesen sein, feststeht, daß Tschirnhaus sich bis zu seinem Tode mit dem Experimentieren beschäftigte. Ob Böttger neben dem Administrieren auch intrigierte, wird eine Vermutung bleiben. Am 1. Dezember 1707 beklagt sich Tschirnhaus in einem Brief an seinen Freund Pabst: »Ihro Maj. sind noch nicht bey unß gewesen. Es scheinet, als wen jemand hohes den Töpfer corrumpiret. Man sucht von seiner Materie zu haben und künstelt bey gewißen Leuten umb alles mit der Porcellan Arbeit zu traversiren.« Er kann gleichwohl Leute gemeint haben, die bei Hofe versuchten, die Arbeiten von Böttger und Tschirnhaus zu hintertreiben.

Die Einrichtung einer »Backerey von Holländischen Platten und Gefäßen« in der Dresdner Neustadt, deren Gründung am 1. Februar 1708 auf eine Anregung Tschirnhaus' zurückgeht, wird man weniger im Zusammenhang mit den sich abzeichnenden Erfolgen in den Laboratorien ansehen dürfen, sondern vielmehr als einen weiteren Schritt auf dem Weg zur Industrialisierung Sachsens. Konkurrenzunternehmen gab es bereits in Berlin und Potsdam, in Hamburg, Frankfurt, Hanau und Kassel. Hofmann schreibt zwar: »Mit Hilfe des aus Berlin berufenen Drehers Peter Eggebrecht nahm man dann auch die Herstellung des später berühmt gewordenen ›roten Steinzeugs‹, Jaspisporzellan genannt, auf«[9], aber von Otto Walcha wissen wir von den Schwierigkeiten, die man hatte, geeignete Fachkräfte für diese Fayencemanufaktur zu finden und daß Böttger sich veranlaßt sah, »am 4. Juni 1708 aus Amsterdam Holländische Meister und Stein Bäcker heranzuziehen«[10].

Peter Eggebrecht, dem »1712 diese Stein- und Rundbäckerei von Böttger in Pacht gegeben wurde« hat nachweislich vorher unter Böttger auf der Jungfrau gearbeitet, wo Böttger bereits »mit einer bescheidenen Produktion« begonnen hatte und wo »ansehnliche Mengen an Böttgersteinzeug, Gefäße aller Art«[11] entstanden.

Die Versuche mit dem weißen Scherben scheinen im Jahr 1708 gute Fortschritte gemacht zu haben. Im Meißner Werkarchiv befindet sich neben anderen Zetteln einer mit der Handschrift Böttgers und dem Datum 15. Januar 1708, auf dem neben keramischen Masseversätzen Angaben über Versuchsergebnisse festgehalten werden, wobei in vier Fällen das Ergebnis in lateinischer Sprache als »weiß und lichtdurch-

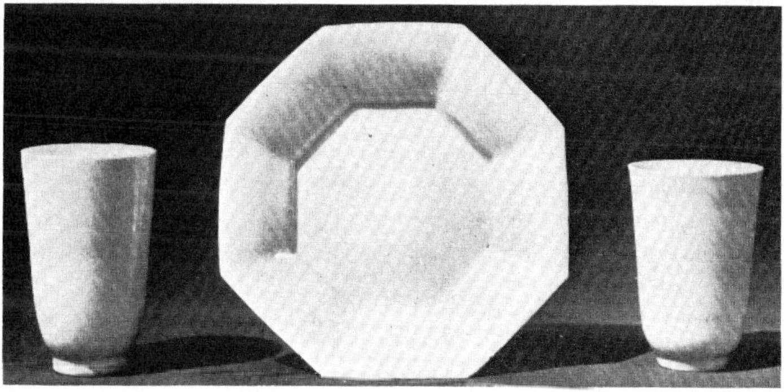

Zwei hohe Becher und ein achteckiger Teller aus Böttger-Porzellan. Um 1712

lässig« beschrieben ist, also die beiden Haupteigenschaften des echten Porzellans. Ein in der Tat bemerkenswerter Erfolg.

Inzwischen hat man auch in dem Alabaster von Nordhausen ein geeignetes Flußmittel entdeckt, und die reichlich vorhandene schwerspathaltige weiße Erde von Aue liefert bestes Kaolin.

Der König, der über den Fortgang der Arbeiten auf der Jungfer laufend unterrichtet wird, läßt am 30. Juli 1708 bei der Hofkasse ein Konto für Ausgaben »bey der feinen Bortzelanmanufaktur« einrichten. Es scheint sich also ein greifbarer Erfolg beim weißen Porzellan abzuzeichnen.

Tschirnhaus erlebt die Vollendung seiner und Böttgers Arbeit nicht mehr. Er erkrankt an der Ruhr und stirbt am 11. Oktober 1708. Wildenstein berichtet: »Wir aber laborirten immer fort in Porcellain biß endlich die Proben immer beßer wurden.«

Man sieht jetzt auch ein, daß mit den alten Öfen und ihrer geringen Hitzeleistung die neue Masse nicht zum Hartbrennen zu bringen war, und auch die Versuche mit einem neuen Ofen scheitern an der unzulänglichen Konstruktion und dem fehlenden Zug; »denn es hatte keinen Zug, weil wir keine Feuer Mäuer konnte zum Gewölbe laßen nauß führen, weil es gleich unter dem schönen Lust Gebäude war ...«. Erst als »die gluth alles zurückschlug, daß es große Steine aus dem Gewölbe gerißen und naußgesprengt«, schien der Ofen richtig gezogen zu haben, denn »Es ließ aber der Paron gleich wieder einsetzen, da denn der offen beßer guth tathe, und die Kohlen sich selber verzehrten«. Nicht Erfindergeist, sondern eine Kohlengasexplosion scheint also das Experiment einen großen Schritt weitergebracht zu haben, denn nun hatte man die erforderliche Hitze.

Nach dem Tode von Tschirnhaus liegt die weitere Entwicklung ganz in Böttgers Händen. Johann Melchior Steinbrück, Hauslehrer in Kießlingswalde, wird angewiesen, Tschirnhaus' Nachlaß zu sichten und zu ordnen. Schon gleich nach Tschirnhaus' Tod hat Böttger das »schwarz versiegelte Tschirnhausische Kästchen« in seinen Besitz gebracht, in welchem Hofmann »die für die Porzellanerzeugung wichtigsten Rezepte« vermutet, und über Steinbrück, der 1711 Inspektor der Manufaktur wird und 1716 Böttgers Schwester heiratet, hat er leichten Zugang zum Nachlaß des Wissenschaftlers.

Die vorherrschenden Umstände lassen den Schluß zu, daß Böttger zumindest Gelegenheit dazu hatte, seine eigene Bedeutung bei der Nacherfindung des Porzellans herauszustreichen und alles zu unterdrücken, was seiner Rolle geschadet hätte.

Allerdings vergeht noch ein halbes Jahr nach Tschirnhaus' Tod, bis Böttger in der Lage ist, seinem König einen weiteren Erfolg zu melden. In einem Bericht über Fortschritte, die in verschiedenen Unternehmungen und bei Projekten gemacht worden waren, heißt es unter anderem, man sei nun so weit, daß man »den guten weißen Porcellain samt der allerfeinsten Glasur ... in solcher Perfecktion zu machen wisse, daß solcher dem Ost-Indianischen wo nicht vor, doch wenigstens gleich kommen soll«. Den Beweis für diese Behauptung kann Böttger nicht zur vollen Befriedigung der eigens dafür vom König eingesetzten Prüfungskommission erbringen. Die 1709 vorgelegten Proben von glasiertem Porzellan erinnern mit ihrer gelblichen Färbung stark an Tschirnhaus' »Waxporzellan«.

Böttger-Steinzeug und -Porzellan

Als am 23. Januar 1710 durch ein königliches Dekret die Gründung mehrerer neuer Manufakturen angeordnet wird, ist auch von einer Porzellanfabrik in Dresden die Rede. Als Rechtfertigung für diesen Schritt wird ausgeführt, es lägen bereits »ziemliche Probe-Stücken von dem weißen Porzellan, sowohl glasurt, als unverglasurt« vor, »welche genugsame Anzeigung geben, daß ... ein dem Ost-Indianischen Porzellan ... gleichkommendes Gefäße könne und möge fabriciret werden, auch wohl zu vermuthen ist, daß in Zukunft bey rechter Einrichtung und Veranstaltung dergleichen weißes Porzellan, wie bereits bey dem rothen erweisslich gemacht worden, dem Indianischen ... weit übergehen möchten«[12].

Am 6. Juni 1710 beginnt auf der Albrechtsburg in Meißen die Arbeit in der »ersten Porzellanfabrik Europas«. Nicht Dresden wird also ihr

Teekanne *aus rotem Böttger-Steinzeug mit plastischem Dekor. Am Ausgußansatz Maskaron. 1710—1713*

Standort, sondern man hat die auf der Jungfer im kleinen betriebene Fertigung in die Räume der Albrechtsburg verlegt. Böttger bleibt in Dresden.

Bis die neue Fabrik jedoch in der Lage ist, verkäufliche, der ostasiatischen vergleichbare Ware auf den Markt zu bringen, vergehen noch einige Jahre. Die am 28. Juni 1710 dem König gezeigten zwei Becher aus weißem Porzellan weisen in Glasur und Bemalung noch erhebliche Mängel auf. Als Handelsware eignen sie sich nicht, so daß man nach wie vor auf den Absatz des roten Steinzeugs angewiesen ist, das nun allerdings in größeren Mengen und von guter Qualität erzeugt werden kann.

Einen umfassenden Überblick über das Angebot an Böttgersteinzeug vermittelt uns ein Blatt der »Leipziger Zeitung« vom 14. Mai 1710. Es ist bei Walcha in Verkleinerung abgebildet[13] und nachstehend ungekürzt wiedergegeben.

»Nunmehr hat man die Königl. und Churfl. neuen Manufacturen zu Dreßden / im blauen Engel allhier eröffnet / welche ganz ungemein und von vortrefflicher Schönheit sind / und täglich sehr starck besuchet werden. Es bestehen aber dieselben in folgen den Arten der Gefässe: Erstlich findet man Geschirre / als Tisch-Krüge / Théee-Bottgens / Türckische Caffé-Kannen / Bouteillen und andere zum Gebrauch und Auffsetzen nützlichen Sorten / von dunckeln und hochrothen Farben / welche theils mit Zug- und Laubwerck künstlich geschnitten / theils auch wegen ihrer ungemeinen Härte / als ein Jaspis, so wohl goderoniret oder glatt poliret / als auch eckigt und facet geschliffen sind / und vortrefflichen lustre haben / auch einen hellen Thon / als ein Metall von sich geben. Zum andern hat man daselbst eine Art dieser rothen Gefäße / welche wie die schönste Japanische Arbeit lacciret / und mit Gold / Silber und Farben dergestalt im Feuer auffgetragen sind / das es weder durch heisses Wasser noch sonsten abgehet; Wie dann auch drittens dergleichen Geschirre vorhanden / welche dunckel glasuret / in solche Glasur aber künstlich geschnitten sind / daß der Schnitt ihre natürliche rothe Farbe zeiget. Die vierte Art bestehet in offt-gedachten rothen Gefäßen / so erhobenes emaillirtes Blumwerck haben / und zum Theil mit Steinen versetzet sind; Das geringe Gut aber zum fünfften / scheinet zwar dem äusserlichen Ansehen nach einiger massen der Ost-Indischen Terra sigillata gleich; die ungemein subtile / und mehr einem rothen Wachs als einer Erde gleichende Masse desselben aber / nicht weniger dessen Härte und Dauerhaftigkeit distinguiren es von jenem gar sehr / und können auch diese Gefäße allzeit denen vorhergehenden Arten / an Schnitt / Politur und anderen gleich gemacht werden. Zum sechsten verkauffet man auch allda blau und weisse Plattgens / nach Art des Delffter Guths / an unterschiedenen Sorten und nach dem Preiß / wie solche in Holland zu stehen kommen; Nicht weniger auch siebendens Plattgens auf Auffsätze / welche auff ihrer weissen Glasur erhobenes mit gutem Glantz-Gold belegtes Laubwerck haben. Und zeiget man im übrigen auch einige Proben von dem in obgedachten Manufacturen zu Dreßden fabricirten weissen Porcellan, so wohl glasuret als unglasuret / welcher sehr hart / weiß und durchsichtig ist; Es wird aber diese Messe davon nichts verkauffet werden.«

Wenig verkauft wird auch vom roten Steinzeug, das nur geringen Zuspruch findet. Zu groß ist das Angebot an qualitativ hochwertigen Erzeugnissen europäischer Fayencefabriken, deren Waren dem Publikum vertraut sind und mit denen die junge sächsische Manufaktur konkurrieren muß. Die Messe wird zu einem finanziellen Mißerfolg.

Böttger erkennt, daß er mit seinem roten Steinzeug nur dann erfolgreich sein kann, wenn er mit einem attraktiven Angebot auf dem Markt erscheint, das an Quantität und Qualität dem der Konkurrenz zumindest ebenbürtig ist.

Einen gesicherten Absatz garantieren die Nachbildungen ostasiatischer Erzeugnisse, die sich seit langem großer Beliebtheit erfreuen, als Importe jedoch teuer sind. Die Nachahmungen aus der Meißner Manufaktur sind nicht nur erheblich billiger, sondern den Originalen zum Verwechseln ähnlich und häufig auch besser verarbeitet als das eigens für den Export hergestellte chinesische und japanische Porzellan. Rein vordergründige Überlegungen und kommerzielle Gründe waren also ausschlaggebend für diese Nachbildungen und nicht die Erkenntnis, daß die Chinesen dank ihrer tausend Jahre alten Erfahrung inzwischen die ideale keramische Form gefunden hatten. Verwandtes zwischen dieser und dem Barock festzustellen, blieb späteren Kunsthistorikern vorbehalten. 1888 erkennt Jakob von Falke: »Im Wesen waren ja auch die Kunstformen des Chinesentums ein Rokoko, und so brauchte nicht einmal der Charakter geändert zu werden.«

Böttger schätzt diesen Vorteil aus rein kaufmännischen Überlegungen, da es billiger ist, aus einem vorhandenen Formenreichtum zu schöpfen, als Neuheiten zu kreieren, deren Erfolg als gängige Ware nicht bewiesen ist.

Böttgers Vorstellungen von der Verwendbarkeit seines roten Steinzeugs, wie sie etwa 1712 in den Produktionslisten niedergelegt sind, scheinen unerschöpflich. Nicht nur »rothe Geschirre« sollten »ins künfftige verbeßert werden«, er ist sogar davon überzeugt, »Gantze Öffen, Camine, Cabinetter, Tisch-Blätter, Colomnen und Säulen, Thür-Pfosten, Kleine Särge, Antiche Urnen, Taffeln zur Belegung der Fuß-Böden, Schmuck-Kästgen, Klocken-Spiehle, Handgranaten (Pastetengefäße) und Schach-Spiehle« könnten mühelos fabrikmäßig erzeugt werden, fürwahr utopische Vorstellungen und mit den technischen und technologischen Bedingungen seiner Zeit kaum vereinbar. Ganz andere Kapazitäten hätten geschaffen werden müssen, als vorhanden waren, und eine der ersten Voraussetzungen wäre es gewesen, die Ausschußquote auf ein erträgliches Maß zurückzudrängen.

Aber hier offenbart sich uns wieder der Phantast in Böttger, dem es in seiner Karriere mehr als einmal geglückt war, das Blaue vom Himmel herunterzulügen und sich unter geschickter Ausnutzung menschlicher Wunschvorstellungen aus der Klemme zu befreien. Einem weniger schillernden Charakter wie dem Böttgers wäre es wohl kaum gelungen, sich aus dem Netz der Intrigen und Quertreibereien, der Geheimniskrämerei und Eifersüchtelei, die seine Zeit in so reichlichem Maße zu bieten hatte, immer wieder und fast schon auf wunderbare Weise zu befreien, ohne Federn lassen zu müssen.

An nachahmenswerten Vorbildern fehlt es Böttger und seinen Mitarbeitern wahrlich nicht, zumal auch sein König eine beachtenswerte Sammlung chinesischen Steinzeugs und chinesischen und japanischen Porzellans besitzt. Und es spricht für Böttgers wiederholt bewiesenes Talent, aus einer gegebenen Situation das beste herauszuholen, daß er fast ausnahmslos alle kunsthandwerklichen Betätigungen zu nutzen versteht, um das Produkt seiner Erfindung erfolgreich zu präsentieren. Dies und die Prachtliebe des Spätbarocks erklären, warum zu einer Zeit, da es noch nicht endgültig gelungen war, in Europa ein dem ostasiatischen Porzellan ebenbürtiges Material zu erfinden, die Veredelung ein kunsthandwerklich hohes Niveau und eine Geschlossenheit

Vasen *aus schwarzglasiertem Böttger-Steinzeug. Abformungen nach ostasiatischen Mustern*

erreichte, wie wir das später und bei anderen Manufakturen nicht mehr beobachten können.

Karl Berling nennt vier Arten von Böttgersteinzeug:

1. Das sog. Eisenporzellan. Die kupferrot gefärbte Masse, aus welcher der Gegenstand hergestellt werden soll, ist durch einen schwärzlich-braunen Überzug leicht verdeckt. Dieser Überzug war kein gewolltes Ergebnis des Brandes, wie früher angenommen wurde, sondern entstand durch die chemischen Veränderungen, die das im Bol befindliche Eisen während des Brandes erlitt.

2. Um dem Scherben (der gebrannten Tonmasse, aus welcher der Gegenstand hergestellt wird) die kupferrote Farbe zu erhalten, mußten die Arbeiten durch Kapseln, mit denen man sie umschloß, gegen die unmittelbare Einwirkung der Feuergase geschützt werden. Diese Tech-

nik erforderte keine weitere Behandlung der Oberfläche; man wendete sie daher mit Vorliebe bei plastischen Arbeiten an.

3. Der schwärzlich-braune Überzug konnte auch auf mechanischem Wege entfernt werden, und zwar durch Abschleifen der Oberfläche. Entweder geschah dies, indem man die ganze Fläche polierte und das Ornament einschliff oder eingravierte, oder man polierte nur einzelne Teile des Gegenstandes und ließ die anderen matt dazwischen stehen. Dieser Wechsel von glänzenden und matten Stellen in den Flächen verlieh den Arbeiten einen ganz eigenartigen Reiz.

Zwei Kannen *aus rotem Böttger-Steinzeug. Kaffeekanne mit reliefierten Ornamenten und Fabeltierkopf am Ausgußansatz*

4. Man gab den Stücken eine aus Ton, Blei und Zinn bestehende schwärzliche Glasur. Dieses Verfahren sollte den Glanz imitieren, der die polierten Stücke so begehrt gemacht hatte. Es verbilligte die Herstellung der Gegenstände bedeutend, ersetzte aber selbstverständlich den natürlichen Glanz, der durch Politur erzielt wurde, nicht. Das eigentliche Material wurde durch die Glasur völlig verdeckt. Die glasierten Steinzeuge wurden zuweilen mit Lack- und Emailfarben, manchmal auch mit Gold, Silber und Platin bemalt.

Die erstaunliche Vielfalt der im Mai 1710 in Leipzig vorgestellten Waren aus Böttgersteinzeug erklärt sich aus der Vielseitigkeit der Dekorationsmöglichkeiten, die sich für dieses Material anbieten. In dem Hoftöpfermeister Fischer, Peter Eggebrecht und Peter Geitner aus Pirna hat Böttger die Männer gefunden, die ihm das Aufdrehen der Gefäße auf der Töpferscheibe besorgten. Daneben werden weiterhin Gefäße abgeformt. Als Beispiel für eine Abformung sei auf eine Teekanne aus rotem Böttgersteinzeug um 1715 aus der Sammlung Dr. Siegfried Ducret, Zürich verwiesen[15]. Es wurde nicht nur die Form der Kanne kopiert, man ging sogar so weit, auch die eingepreßte Marke »Ary de Milde« mit zu übernehmen[14]. Verziert ist das nur

Zwei Teekannen *aus schwarzglasiertem Böttger-Steinzeug. Gefäßformen nach ostasiatischem Vorbild, Henkel der achteckigen Kanne im zeitgenössischen europäischen Stil*

9 cm hohe Kännchen mit aufgelegten Zweigen und Blumen, Vögeln und Insekten. Die Reliefauflagen sind bunt bemalt in den Farben Grün, Blau, Gelb und Weiß, durch welches der Grund durchschimmert, so daß der Eindruck eines gebrochenen Rot entsteht. Besonders interessant ist das Kännchen wegen der in die Mitte der Blüten eingesetzten Almandine[16].

Die Abformung dieses Delfter Modells ist kein Einzelfall. Daneben stehen in reicher Zahl die ostasiatischen Formen. Auch sie werden reliefartig verziert, mit aufgelegten Blättern, Blumen und Früchten, mit

Teekanne und Koppchen *mit Untertasse aus Böttger-Porzellan mit plastischen Blüten- und Blattbelägen. Um 1713—1720*

Maskaronen und Laub- und Bandwerk. Es ist dies eine ostasiatische Dekortechnik, die schon um 1250 in China angewendet worden ist. Aus dieser Zeit datiert eine kleine bauchige Vase mit reliefiertem Körper, die sich im Schatz von San Marco in Venedig befindet.

Die Beläge können sich nun auf verschieden verzierte Weise vom Gefäßkörper abheben. Die farbige Bemalung wurde bereits erwähnt. Solange man über keine Schmelzfarben verfügte, mußte man sich mit Lackfarben begnügen. Erfahrung im Umgang mit solchen Farben hat der Hoflackierer Martin Schnell, Schöpfer der kostbaren Dresdner Lackmöbel. 1712 erhält Schnell 100 Taler im Monat aus der Manufaktur-Kasse. Möglicherweise wurde er damit nicht nur für die Bemalung des Böttgersteinzeugs honoriert, sondern auch für die Herstellung von lackierten Vasen, die der Manufaktur als Vorbilder dienen sollten.

Die besonderen Eigenschaften von Böttgers Steinzeug erlauben die Veredelung durch Politur. Der Vorgang ist derselbe wie beim Glasschliff, wo nach dem Schleifen die aufgerauhten Flächen wieder glänzend gemacht werden müssen. Poliertes Böttgersteinzeug wirkt edel und kostbar. Einen dezenten Kontrast zur polierten Gefäßwandung bilden die erhabenen Beläge dann, wenn sie matt gelassen und auch nicht bemalt werden. Die Auflagen sind, wie man an Beispielen erkennen kann, von einem ebenfalls matten »Hof« umgeben, ein Zeichen dafür, daß sich der Schleifer mit dem Polierrad nicht bis an den Belag herangewagt hat, weil dieser unter dem nicht unerheblichen Druck hätte abbrechen können. Auch Stellen zwischen Zweigen und Blättern, deren Fläche zu klein ist, um die Polierscheibe anzusetzen, werden in mattem Zustand belassen.

Teekanne *mit Ohrenhenkel aus Böttger-Porzellan. Aufgelegte Rosenzweige, am Ausgußansatz Maskaron. 1720—1725*

Poliertes Steinzeug, aber auch schwarz glasiertes, dient als Malgrund für Darstellungen in Silber, Gold und Lackfarben. Martin Schnell hat solche Arbeiten ausgeführt.

Ducret zeigt einen Walzenkrug aus schwarzglasiertem Böttgersteinzeug[17]. Eine chinesische Landschaft mit Häusern, einer Pagode und Kranich, nach einem ostasiatischen Vorbild, ist in Gold und Lackfarben kalt bemalt.

Neben der Politur besorgt die königliche Schleifmühle im Weißritztal den Schliff und die Gravur des Böttgersteinzeugs. In den Gefäßkörper werden, wie beim Glas, Vertiefungen in die Wandung eingeschliffen und anschließend poliert. Da die Werkzeuge, also Schleifscheiben und -räder, dieselben sind, entsprechen auch die Schliff-Flächen denen des Glasschliffs jener Zeit: konkave Kugeln, Linsen und Oliven, Rillen, Kerben und Facetten. Eine Sonderform des Facettierens bilden die konkaven, an den Kanten aneinanderstoßenden Sechsecke und Dreiecke. Sie sind, durch die Wölbung der Gefäßwandung be-

Pilgerflasche *aus schwarzglasiertem Böttger-Steinzeug mit geschliffener Barock-Ornamentik und plastischen Maskaronen an beiden Seiten. Um 1715*

dingt, in Größe und Form unregelmäßig, bilden aber ein ansprechendes, schlichtes Muster. Eine auf diese Weise facettierte Teekanne zeigt Walcha unter Abbildung Nummer 6. Der Gefäßkörper kann auch teilweise eine Schliffbehandlung erfahren haben, zum Beispiel am Hals, Deckelknauf und Henkel.

Mit dem Glasschnitt versteht man vor allem auf poliertem Böttgersteinzeug wirkungsvolle Effekte hervorzurufen, wenn die gravierte Barock-Ornamentik sich matt und hell gegen die glänzende Fläche abhebt. Neben die reine Ornamentik, die meist den Rahmen für Kartuschen oder Monogramme bildet, tritt die gravierte figürliche Darstellung.

Neben den ostasiatischen Originalen werden in den ersten Jahren der Manufaktur Zinn- und Silbergefäße als Vorbilder herangezogen, zumal Gegenstände aus Böttgersteinzeug als ebenso wertvoll eingeschätzt werden wie solche aus Edelmetall. Bedeutenden Einfluß auf die Formengebung und Verzierung gewinnt der sächsische Hofsilberschmied Johann Jacob Irminger, der 1710 vom König beauftragt wird, »bei dere Porcellain-Fabrique hülfreiche Hand zu leisten und auf

Drei Gefäße *aus unpoliertem, reliefiertem Böttger-Steinzeug. Als Vorlagen dienten Drechslerarbeiten aus Holz und Elfenbein oder Silbergefäße. Etwa ab 1712*

solche Inventiones zu dencken, damit teils außerordentlich große, teils andere Sorten sauberer und künstlicher Geschirre möchten gezeuget werden«.

Es hat einige Zeit vergehen müssen, bis Irminger erste Entwürfe zur Verfügung stellte, denn am 16. November 1711 wartet Böttger noch immer auf versprochene Probestückchen, die Irminger aus »allerfein-

Kanne, Deckelvase und Deckelschale *mit attischem Sockel aus geschliffenem Böttger-Steinzeug. Formen nach ostasiatischem Vorbild, Henkel und aufgelegter Akanthus-Dekor europäisch. Um 1715*

ster rothen massa«, die er aus der Albrechtsburg hatte mitnehmen dürfen, anzufertigen versprochen hat.

Im Juni 1712 wird Irminger mit der Aufsicht über die Gestaltung aller in der Manufaktur herzustellenden Gegenstände beauftragt. Die zur Ausstattung des Porzellans erforderlichen Fachkräfte werden angewiesen, Irmingers Anweisungen zu befolgen.

Zwei Deckelvasen und Leuchter *aus ungeschliffenem Böttger-Steinzeug. Barockformen, wie sie vermutlich der Hofsilberschmied Johann Jacob Irminger entworfen hat. Um 1716*

Irminger widmet sich seiner neuen Aufgabe mit Eifer und großem Einfühlungsvermögen in das neue Material. Er zwingt dem roten Steinzeug die Formenelemente der von ihm bisher für den Hof geschaffenen Prunkgefäße aus Edelmetall nicht bedenkenlos auf, sondern berücksichtigt bei Form und Schmuck die Eigenart der plastischen Masse und die Tatsache, daß beide erst nach dem Brennen bei großer Hitze — womit naturgemäß gewisse Veränderungen verbunden sind — ihre endgültige Gestaltung besitzen; ein Vorgang, der im Gegensatz zu seinen Metallarbeiten steht. Er entwickelt für den plastischen Dekor Blattbeläge aus der antiken Formenwelt und Gefäße im europäischen Stil nach den Gesetzen der Architektur.

All dies setzt nicht nur beim Gestaltungsleiter hohes künstlerisches Können und technischen Sachverstand für das neue Schaffensgebiet voraus, es verlangt auch von seinen Mitarbeitern, den Töpfern, Formern, Modelleuren, Bossierern, Lackierern und Schleifern ein hohes Maß an Konzentration auf ihre Tätigkeit, großes Können und Geschicklichkeit. Daß es der jungen Manufaktur gelingt, wirkliche Spitzenkräfte auf fast allen diesen Gebieten zu bekommen und zu halten — trotz unregelmäßig erfolgender Lohnzahlungen und einer nach unseren Begriffen heillosen Desorganisation des Betriebes —, zeugt von dem persönlichen Interesse der Mitarbeiter an ihrer Tätigkeit und von einem hohen Stand kunsthandwerklicher Gestaltungsfähigkeit.

Erwähnt sei in diesem Zusammenhang eine im Werkarchiv in Meißen heute noch vorhandene, von Böttger als Administrator eigenhändig unterzeichnete Mitarbeiterliste, die neben einigen Gehilfen fünfundzwanzig Namen enthält, darunter David Köhler, Paul Wildenstein, Samuel Stöltzel, Georg Kittel, einen Johann Kittel und Frantz Wander. Die Namen Kittel und Wander sind insofern interessant, da es sich bei ihnen um Angehörige der sächsisch-böhmischen Glasmacherfamilien handeln könnte, die Anfang des 17. Jahrhunderts nach Böhmen einwanderten und hier berühmte Glasmacherdynastien gründeten. Johann Georg Kittel wurde 1669 in Rosenthal an der sächsisch-böhmischen Grenze geboren.

Kittel ist auch der Former, der 1713 die bekannte Statuette des Königs erstmalig von einem Holzmodell abformt, die so gut gelingt, daß sie viele Male nachgebildet wird, in rotem Steinzeug wie in weißem Porzellan.

Zu den verhältnismäßig seltenen figürlichen Darstellungen aus rotem Steinzeug gehören der Vitelliuskopf auf Seite 50 nach antikem Vorbild, der Kopf des Apoll, eine freie Nachbildung nach Berninis Marmorgruppe Apollo und Daphne, Figuren aus der Comedia dell arte, Callotfiguren, der besonders gelungene muscheltragende Putto nach Fiammingo, Konfuzius und Buddah nach ostasiatischem Vorbild und Figuren nach Elfenbeinarbeiten.

Reliefkopien, Plaketten und Denkmünzen aus der Zeit sind ebenfalls selten, zeigen aber deutlich, wie fein sich das harte Böttgersteinzeug mit den Werkzeugen des Münzschlagens modellieren ließ.

Wie groß Irmingers Bedeutung für die Entwicklung der Manufaktur ist, wie weitgehend und befruchtend sein gestalterisches Talent, das beweisen nicht nur die in zahlreichen Museen und Sammlungen erhalten gebliebenen Gegenstände, sondern auch Böttgers Zeugnis: »Er hat gemacht aus schlechten Töpfern guthe Künstler und sich Mühe gegeben, dem Werk mit Rath und That von Zeit zu Zeit (letztlich mußte er sich ja auch um seine Metallarbeiten kümmern) zu assistiren.«

Die in den frühen Jahren der Manufaktur aus weißem Porzellan hergestellten Gegenstände entsprechen in Form und Dekor denen aus rotem Steinzeug. Neben dem gelblichen Ton der Glasur fällt auf, daß Reliefdekors wegen der darübergegossenen Glasurmasse sich von der Gefäßwandung nicht mehr so akzentuiert abheben wie auf rotem

Steinzeug. Die Bemalung dieser Beläge mit Lackfarben, was bei rotem Steinzeug wegen seines wärmeren Tons eine durchaus gefällige Wirkung ergibt, kann auf die Dauer nicht befriedigen.

Das Problem der einbrennbaren Farben beschäftigt Böttger ebensosehr wie die Suche nach einer rein weißen Glasur. In beiden Fällen scheint er lange Zeit auf der Stelle getreten zu haben, schon deshalb, weil beide Probleme eng miteinander verknüpft sind. Denn solange es keine wirklich einwandfreie Glasur auf Weißporzellan gab, war es nicht möglich, geeignete Schmelzfarben zu entwickeln, da Flußmittel und Metalloxyd aufeinander abgestimmt werden mußten.

Der Dresdner Goldarbeiter Johann Georg Funcke veredelte seit dem Sommer 1713 Porzellan für die Manufaktur durch Auftrag von Gold und Emailfarben. Seine von Böttger angeregten Versuche mit bunten Schmelzfarben gelingen nach anfänglichen Rückschlägen erst, als Funcke das Experimentieren aus der eigenen Werkstatt in Böttgers Labor auf der Festung verlegt. Hier kann er zwischen 1713 und 1717 die Farben Purpur, Grün, Blau, Gelb und Schwarz herstellen, etwas später, 1718, kommt das Dunkelpurpur hinzu. Zusammen mit seinem Sohn und einem Gehilfen ist er von 1717 an dank der vorausgegangenen Versuche in der Lage, mehr als doppelt so viele Stücke Weißporzellan zu bemalen wie zu Beginn seiner Tätigkeit für die Manufaktur.

Auch Böttger hat 1717 Erfolg mit seinen Farbenversuchen, »sonderlich mit dem vergulden und versilbern, auch mit rother Mahlerey, nehmlich Carmesin und Purpur, auch Grün«. Schon sehr früh war Böttger die Anwendung einer metallisch glänzenden Lusterfarbe gelungen[18].

Von 1717 an lassen sich folgende gemalte Dekors nachweisen: die im Stil des Laub- und Bandelwerks gehaltenen zarten Spitzenornamente in Gold, denen sich die Goldchinesen in Silhouettenform zugesellen, und die Landschaftsmalerei nach niederländischem Vorbild in Camaieu in den Farben Eisenrot und Schwarzlot.

Keinen rechten Erfolg hat man mit dem Unterglasurblau. Die Versuche aus dem Jahr als deren Ergebnis Böttger dem König zwei Becher präsentierte, hatten deutliche Mängel aufgezeigt, denen man auch 1717 noch nicht abhelfen kann. Auch die Tatsache, daß der König für die Erfindung und Anwendung der blauen Unterglasurmalerei eine beachtliche Prämie in Höhe von 1000 Talern ausgesetzt hat, ändert zu-

Büste des Vitellius. *Nachbildung einer antiken Statue aus braunem Böttger-Steinzeug. Um 1710*

nächst nichts am Ergebnis der Bemühungen, veranlaßt allerdings David Köhler, Samuel Stöltzel und Johann Georg Schubarth zu Experimenten in dieser Richtung. Ein erstes Ergebnis ist eine dem König am 18. August 1717 überbrachte kleine Schale mit blauer Malerei. Die blaue Farbe auf der erwähnten Schale von 1717 ist ein Zufallstreffer gewesen, denn noch 1721 schwankt der Farbton zwischen »schöne lieblich blau«, »guth hoch blau« und »serr schwartz«, was aus dem sogenannten Köhlerschen Buch mit Experimentierergebnissen vom Januar 1720 bis November 1721 hervorgeht. Zwar wird Köhler im März 1722 als der Erfinder der blauen Unterglasurfarbe gewürdigt, aber erst Johann Gregor Höroldt hat später mit dem Unterglasurblau mehr Erfolg, nachdem man den nebeneinander her betriebenen Experimenten von Köhler und Stöltzel ein Ende gesetzt und den Schleier der Geheimhaltung um Köhlers Versuchsergebnisse gelüftet hat.

Berücksichtigt man die politischen Zustände im allgemeinen und die in der Manufaktur im besonderen, Otto Walcha hat sie anschaulich dargestellt, dann sind zwar nicht die finanziellen, jedoch die kunsthandwerklichen Leistungen der jungen Manufaktur beachtlich. Sie sind keineswegs ausschließlich Böttger zu verdanken, sondern neben Kunsthandwerkern wie Irminger, Verwaltungsleuten wie Steinbrück, einer Gruppe von treuen und verantwortungsbewußten Mitarbeitern aus allen Bereichen der Fertigung, denen die Arbeit Freude gemacht hat und denen das Schicksal ihrer Manufaktur sehr am Herzen gelegen haben muß.

Es läßt sich heute schwer abschätzen, welchen Schaden Böttger der Manufaktur zugefügt hat, besonders durch seine Kontakte mit dem Metallurgen Gottfried Meerheim, dem Böttger die Geheimnisse des Arkanums anvertraute, und dem Vergolder und Emailleur C. C. Hunger aus Weißensee, der 1717 nach Wien geht und gemeinsam mit Innozentius Claudius Du Paquier eine Manufaktur gründet. Auch Samuel Stöltzel verläßt Meißen und geht nach Wien, nicht so sehr wegen Böttger, sondern wegen der Rivalität mit David Köhler.

Am gravierendsten sind jedoch die Folgen einer ständigen Geldnot der Manufaktur, die 1711 zu einer ersten Krise führt. Die Kriege Augusts des Starken, der den Verlust Polens nicht verschmerzen kann und deswegen wieder ins Feld zieht, kosten gewaltige Summen. Ein Bruchteil davon hätte genügt, die Manufaktur zu sanieren. Wichtige Investitionen müssen unterbleiben. Mit dubiosen Mitteln und ungünstigen Krediten privater Finanziers, die durch Porzellanlieferungen abgedeckt werden sollen, versucht man die Manufaktur am Leben zu erhalten. Intrigen und Streit wegen der Zuständigkeit zwischen Böttger und dem ihm übergeordneten Direktorium, dem der Kammerrat Michael Nehmitz vorsteht, der noch dazu mit einer beträchtlichen Beteiligung an der Manufaktur eigene Interessen hat, verhindern einen Ausbau des Unternehmens.

Böttger erhält zwar unumschränkte Vollmachten in der Leitung und Nutzung der Manufaktur, ist aber inzwischen ein kranker Mann und hochverschuldet. Nur ein Befehl des Königs befreit ihn aus dem Schuldgefängnis.

Alle diese widrigen Umstände haben Böttger zu einem unzufriedenen und enttäuschten Mann gemacht, der mit Ungerechtigkeit, Launenhaftigkeit, Unzuverlässigkeit und Desinteresse auf seine Umwelt reagiert. So versteht man vielleicht, warum er Spekulanten wie Mehrheim und Hunger wertvolle Geheimnisse preisgibt.

Im letzten Jahr seines Lebens zeigt Böttger nur noch geringes Interesse an der Manufaktur. Ausdruck seiner tiefen Resignation und Ziellosigkeit wird gewesen sein, daß er sich wieder der Alchimie zuwendet, der aussichtslosen Suche nach der Alltinktur. Böttger stirbt am 13. März 1719. Er hinterläßt Zeugen eines aufwendigen Lebensstils, eine Schuldenlast von weit über 20 000 Talern und einen Berg von Büchern und Aufzeichnungen, die für die Manufaktur jedoch ohne Nutzen sind. Was er seinen zwielichtigen Freunden an wertvollem Material überlassen hat, kann nicht mehr festgestellt werden.

Drei Vasen *aus schwarzglasiertem Böttger-Steinzeug, Formen nach ostasiatischen Vorbildern*

Die Malerei unter Höroldt

Bevor Samuel Stöltzel, der sich seit Mitte 1718 bei Du Paquier in Wien aufhält, vom sächsischen Residenten in Wien dazu ermuntert, nach Sachsen zurückkehrt, vernichtet er in Wien Massevorräte im Wert von 15 000 Gulden und bringt als weiteren Beweis seines guten Willens einen Maler namens Johann Gregorius Höroldt nebst Proben von dessen Hand mit. Im April 1720 treffen die beiden Männer bei Oberbergrat Pabst von Ohain in Freiberg ein. Mit gemischten Gefühlen erwartet Stöltzel die Entscheidung der Manufakturkommission in Dresden; seine Flucht und der Verrat an der Manufaktur gelten als schwere Vergehen.

Teekanne *mit Chinoiserien. Bemalt in den Farben Eisenrot, Braun, Gold und Böttger-Lüster. Blaue AR-Marke. Um 1730.*

Die Kommission beschließt nach einigen Wochen, auf Vergeltung zu verzichten und Stöltzel in Gnaden aufzunehmen, wobei nicht nur seine inzwischen in Wien gemachten praktischen Erfahrungen mit ausschlaggebend gewesen sein mögen, sondern die Geheimniskrämerei des eigenwilligen David Köhler, dessen Verhalten der Grund zu Stöltzels Weggang aus Meißen gewesen ist und der seine Farbenrezepte niemandem zugänglich machen wollte. Man will auf diesem Gebiet nicht nur von einem Mann abhängig sein.

Höroldt, der seine Malereiproben in Eisenrot vorlegt, wird am 14. Mai 1720 zu einer Aussprache gebeten und erhält einen Arbeitsvertrag als freier Mitarbeiter.

Höroldt ist am 6. August 1696 in Jena als jüngster Sohn eines Schneidermeisters geboren und hat vermutlich das Goldschmiedehandwerk und die Radierkunst erlernt. 1718 trifft er in Wien bei Claudius Innocentius Du Paquier und Mit-Consorten ein. Er muß sich als ein vielversprechendes Talent erwiesen haben, sonst hätte Stöltzel ihn nicht mit nach Dresden genommen und ihn als »wohl ein- und abgerichteten« Maler vorgestellt. Zu seinen Gunsten wird auch gesprochen haben, daß die in Wien ausgeführte Malerei zu jener Zeit der in Meißen geübten als überlegen angesehen wird, zumindest von

Konischer Becher *mit plastisch verziertem Fußrand. Umlaufende Chinesendarstellung in bunten Farben, am oberen Rand innen und außen Spitzendekor in Böttger-Lüster und Gold. Höhe 8 cm*

Steinbrück, der Höroldts Arbeitsproben aus Wien begutachtet hat und die auch dem König geschickt werden, der gerade in Warschau weilt.

In Meißen scheint es mit der Malerei bis zu jenem Zeitpunkt wirklich nicht weit her gewesen zu sein. Hofmann erwähnt Anselm Bader, der 1712 als »Schilderer des guthen Porceillains« bezeichnet wird, an dritter Stelle nach Johann Christoph Schäffer und Johann David Stechmann. Von Christoph Konrad Hunger, der in Meißen als Emaillierer und Vergolder tätig war und nach seinem Weggang zu den Mit-Consorten von Du Paquier in Wien zählt, soll Höroldt in den technischen Grundlehren ausgebildet worden sein.

1730 beschuldigt Hunger, der inzwischen Wien verlassen und in Venedig Arbeit gefunden hat, Stöltzel und Höroldt, sie hätten alle seine Farben gestohlen, »wodurch diese beiden schönen Herren in Dresden zu großem Estim gekommen; denn vorher wußte man in Sachsen nicht, was blau oder grün, rot und so weiter auf das Porzellan wäre«. Diese Anspielung bezieht sich vermutlich auf die Tatsache, daß die aufgetragenen Farben nach dem Einbrennen in einem veränderten Farbton erscheinen und die Wirkung der Malerei stark beeinträchtigen, wenn die Zubereitung der Farben nicht in den Händen eines erfahrenen Arkanisten liegt. Als solchen darf man Stöltzel durchaus an-

Konischer Becher *wie Abb. 27, mit Chinesenszenen: Backgammon-Spieler, Mutter mit Kindern, ein auf einem Kissen kniender Mann neben Pfau, Kaktus und anderen Pflanzen*

sehen, und über die richtige Anwendung der Farben hat Höroldt doch einiges von Hunger lernen können, bevor er Wien verläßt. Daß die beiden, vor allem Stöltzel, um einer Bestrafung zu entgehen, den Wunsch hatten, sich in Dresden gut einzuführen, indem sie nicht nur Erfahrung, sondern Farben oder Rezepte mitbrachten, ist verständlich.

In der Manufaktur weiß man Stöltzels Fähigkeiten sehr wohl zu schätzen; von Höroldt erhofft man sich Fortschritte in der Anwendung vorhandener und im Stadium der Entwicklung sich befindender Schmelzfarben, deren Verbindung mit der Glasur nach dem Brand noch nicht zufriedenstellt. Darüber hinaus wird von Höroldt verlangt, das Porzellan nach Art der ostasiatischen Vorbilder möglichst originalgetreu zu bemalen.

Birnenförmige Kanne *mit buntem Chinoiseriedekor und Goldspitzenbemalung. Um 1728. Als Vorlage für die Bemalung diente wahrscheinlich ein Stich von Arnoldus Montanus »Japanisches Zweirad« aus »Gesantschappen aem de Kaisaran von Japan ...« Vergleiche Siefried Ducret, Keramik und Graphik, Abb. 342 ff.*

Höroldt richtet sich im Haus des Amtsschreibers Nohr am Domplatz in Dresden eine Werkstatt ein und ist für die Manufaktur als freischaffender Künstler tätig. Bezahlt wird er nach Anzahl und Qualität der abgelieferten Stücke und steht finanziell besser da als die anderen Maler, die für festen Lohn arbeiten.

Die von ihm verwendeten Farben werden von Köhler und Stöltzel zugerichtet, und er bekommt sie ebenso ins Haus wie die zu bemalenden Porzellane. Es darf angenommen werden, daß er sich mit den feinen Goldverzierungen im Laub- und Bandelwerkstil nicht abgibt. Diese werden — ebenfalls außerhalb der Manufaktur — von den er-

Große Deckeltasse *mit Untertasse. Vierkantig gebrochener Doppelhenkel und dreifach gegabelter Astgriff auf dem Deckel. Mehrfigurige Chinesenszenen auf Tasse, Deckel und Untertasse. Spitzenornamente und Vielpaßumrandung in Eisenrot, Kupferlüster und Gold. Um 1730*

fahrenen »Goldarbeitern« Funcke und Gäbel ausgeführt, vermutlich bevor die Stücke in Höroldts Werkstatt geliefert werden; denn die Komposition der gemalten Szenen läßt den Schluß zu, daß Form und Größe der Kartuschen festliegen und die weitere Bemalung nachträglich erfolgt.

Da Höroldt, wie wir wissen, »indianische Stücke zu imitieren« hatte, werden ihm japanische Imari-Porzellane aus der Sammlung des Königs zur Verfügung gestellt. Sie sind im Stil der 2. Kakiemon-Periode bemalt und erfreuen sich in Europa größerer Beliebtheit als chinesisches Porzellan. Der Kakiemon-Dekor hat seinen Namen nach Sakaido Kizoemon, genannt Kakiemon. Er soll seit 1645 in der Nähe von Arita Porzellan bemalt haben, das über den Hafen Imari ausgeführt wurde.

Zu den Kakiemon-Mustern zählen Kiefer, Prunus und Schwarzdorn, Päonie, Chrysantheme, Lotos, Kornähre und Reisbüschel; dem Tierreich entstammen Paradiesvogel, Phönix, Kranich, Rebhuhn, Wachtel, Drache, Löwe, Tiger und Eichhörnchen; auch das Insektenreich liefert mannigfaltige Anregungen für die Dekoration. Die Farben sind kräftig und leuchtend, das Blau unter der Glasur tritt in vielen Schattierungen in Erscheinung.

Neben diesen Musterstücken dienen Höroldt als Vorlagen Kupferstiche nach Gemälden holländischer Landschaftsmaler des 17. Jahrhunderts. Es ist belegt, daß er schon am 9. September 1720, kurz nach

Birnenförmige Teekanne *mit Bemalung im Kakiemon-Stil: laufender Chinesenjunge mit Windrad, auf der entgegengesetzten Seite japanische Dame mit Tablett, indianische Blumen und Insekten. 1730—1735*

Aufnahme seiner Tätigkeit für die Manufaktur, 147 Kupferstiche erhalten hat.

Wir dürfen annehmen, daß Höroldt sich bemühte, die Leuchtkraft der japanischen Malereien zu erreichen. Dabei ist er allerdings auf das

Schnabelkanne *mit Augsburger Montierung. Vielfigurige Chinoiserie-Szenerie mit Blüten, Vögeln und Insekten. Reiches Laub- und Bandelwerk in Gold, dazwischen Rundmedaillon mit AR-Monogramm. Vergoldete Silbermontierung von Elias Adam, Augsburg, 1725—1730*

Achteckige Platte *auf abgesetztem Fuß, im Kakiemon-Stil bemalt in den Farben Blau, Meergrün, Ziegelrot, Gelb und Gold. Im Fond rote und blaugrüne Reisstrohhecke mit Päonien und Chrysanthemen mit sitzendem und fliegendem Paradiesvogel. Rand mit ziegelroter Laubwerkbordüre, unterbrochen von stilisierten Chrysanthemenblüten in Blaugelb. Um 1725 bis 1730*

Material angewiesen, das ihm Stöltzel und Köhler liefern. Daß ihm Erfolge nicht versagt bleiben, geht aus einer Mitteilung hervor, nach der auf der Leipziger Frühjahrsmesse des Jahres 1722 »roth oder Bund gemahlte Waaren« vorgestellt werden können. Als hinderlich erweist sich die räumliche Trennung von der Manufaktur. Und nicht zuletzt deshalb, weil er sich in der Farbentechnik weiter verbessern will, zieht er am 22. Oktober 1722 mit vier Mitarbeitern in die Albrechtsburg

Teller, *im Stil der Imari-Porzellane bemalt in den Farben Blau, Rot und Gold. Im Spiegel blühender Baum, aus einer Vase herauswachsend. Rand mit Ho-Vogel in Rot auf Goldgrund, große Blatt- und Blumenmotive, Blütenzweige. Um 1730*

um. Wenn Höroldt wirklich »der größte Farbentechniker des 18. Jahrhunderts« war[19], dann ist er das erst auf der Albrechtsburg geworden. Aus einem Brief Stöltzels wissen wir, daß Höroldts Kenntnisse über Farbenrezepte »gleich null und nichts« gewesen seien, als er nach Sachsen kam, und bei der Herstellung der mitgebrachten Probestücke sei er auf seine (Stöltzels) technische Hilfe angewiesen gewesen[20].

Stöltzels Behauptung scheint nicht aus der Luft gegriffen zu sein; schließlich hat er neben Köhler, Funcke und Böttger lange Jahre mit Farben experimentiert. Höroldt hingegen hat sich in Wien mit Hungers Unterstützung überhaupt erst an das neue Material gewöhnen müssen.

In diesem Zusammenhang sei Walcha erwähnt, der ausführt, daß Höroldt am 30. April 1723 an Köhlers Sterbebett gesessen und sich aus Köhlers eifersüchtig gehütetem Rezeptbuch Notizen gemacht habe. Mehrere Jahre nach Köhlers Tod übergibt die Manufakturkommission das Buch Stöltzel zur Auswertung — nicht Höroldt —, und 1738 wird in einem Protokoll vermerkt, daß von den ursprünglich 82 Blättern des Rezeptbuches neun herausgeschnitten worden seien. Wir erfahren nicht, wer sie genommen hat und wann sie verschwunden sind.

Tatsächlich kann von Mai 1723 an Höroldt beachtenswerte Erfolge mit neuen Farben vorweisen. Jedenfalls wird berichtet, daß die Farben »auf der Glaßur sehr glatt« seien. Ob dies Ergebnisse eigenen Experimentierens waren oder ob dieser Fortschritt auf der Auswertung der Köhlerschen Rezepturen beruhte, muß Spekulation bleiben. Fest steht, daß Ende des Jahres 1731 Höroldt über sechzehn »Emaillier oder Schmelz Farben« von großer Leuchtkraft zur Verfügung stehen, da

Balustervase, *bunt bemalt mit Chrysanthemen, Päonien und Bambuszweigen, dazwischen drei Vögel. Blaue AR-Marke. 1728 bis 1730*

man inzwischen das passende Flußmittel gefunden hat, darunter neben Purpur, Eisenrot und Braun ein helles Blau und drei Schattierungen von Grün.

Darauf, daß der Durchbruch in den Jahren 1724/1725 gelungen ist, weisen mehrere Tatsachen hin. Höroldts Mitarbeiterstab ist 1724 auf zwölf Personen angewachsen; die meisten von ihnen hat er selbst ausgebildet und in ihr spezielles Arbeitsgebiet eingewiesen. Seit Juni desselben Jahres darf er den Titel eines königlichen Hofmalers führen. Neben dem Experimentieren mit neuen Farben widmet er sich nun der Ausführung eigener Entwürfe. Sie sollen an die Stelle jener Vorlagen treten, die in Meißen noch aus Böttgers Zeit vorhanden sind, nach denen Böttgersteinzeug und Böttgerporzellan dekoriert wurden und

Tasse *mit Untertasse von achteckiger Form mit runden Henkeln. Nach Art der Famille verte bemalt mit Blütenzweigen, Vogel auf einem Felsen und Insekten. Tasse mit blauer Schlangenstab-Marke. Um 1723*

die auch Höroldt zum Teil benützte. Siegfried Ducret hat sich eingehend mit Dekorationen nach alten Stichvorlagen beschäftigt und eine große Anzahl von Beispielen zusammengetragen. Einige seien hier angeführt.

In der Sammlung Dr. E. Schneider in Schloß Lustheim bei München befindet sich ein Walzenkrug aus Böttgersteinzeug, dessen breites

Ein Paar Vasen *von schlanker Eiform mit schmalem Fußrand und zylindrischem Hals. Wandung mit gelbem Fond und gegenüberliegenden hochvierpassigen goldgerahmten Reserven, darin bunt gemalte Chinoiserien. Auf dem weißgrundigen Hals Blatt- und Bandwerk in Gold. Höhe 22,5 cm. AR-Marken. Um 1727*

Band um die Mitte der Wandung eine mit dem Schneiderad der Glasgraveure eingeschnittene Chinesendarstellung nach Paul Decker enthält. Siegfried Ducret bildet Krug und Stich in »Keramik und Graphik« auf Seite 64 und 65 ab. Der »P. D. Arch. inv. del.« signierte Stich stammt aus Deckers Vorlagenwerk »Tabaksbixen, ein Tischblatt vor Lackirer, so wie auch ein Vorstecker für Frauenzimmer und Seidem-Sticker«.

Porzellantopf, *Deckel mit Pinienzapfenknauf. Doppelhenkel mit plastisch ausgeformten Frauenköpfen. In bunter Bemalung indianische Blumen auf Gefäßwandung und Deckel. 1728—1730*

Ein weiterer, ebenfalls abgebildeter Walzenkrug mit einer vornehmen Japanerin, flankiert von zwei männlichen Gestalten, von denen die eine einen Sonnenschirm über die Dame hält[21], läßt sich zurückverfolgen zu Arnoldus Montanus' »Gedankwaerdige Gesantschappen oder oost-Indische Meatschappy aen de Kaiseren van Japan« aus dem Jahr 1669; desgleichen zwei Tassen aus Böttgerporzellan, die allerdings von dem Hausmaler J. Ch. Dannhöfer in Bayreuth um 1740 bemalt wurden[22].

Ein Stich von Peter Schenk, »Iapanse Kinderen«, den dieser wiederum nach einer Vorlage von De Vries gestochen hat, könnte nach Ansicht Ducrets Höroldt für die Bemalung eines Tellers aus Böttgerporzellan gedient haben. Das Stück befindet sich im Victoria & Albert Museum in London und gilt dort als die Arbeit eines Hausmalers um 1740. Ducret stützt sich auf die Erkenntnis, daß die Bemalung in den frühen Meißner Farben Grün, Gelb, Rot, Blau und Braun ausgeführt ist und das florale Beiwerk zu den drei Kinderfiguren als frühe Arbeit Höroldts zwischen 1720 und 1723 anzusehen ist. Ducret verweist in diesem Zusammenhang auf ein Koppchen mit Untertasse, das mit Genreszenen bemalt ist[23]. Nach Rückert ist der Dekor zwischen 1720 und 1725 entstanden, und Höroldt wird »möglicherweise« als der Maler bezeichnet.

Neben holländischen werden auch Kupferstiche aus dem Verlag von Martin Engelbrecht in Augsburg als Anregungen für die Bemalung herangezogen. Eine Kaffeekanne aus Böttgerporzellan, mit Montierung von Elias Adam, könnte, wie Ducret vermutet, nach einem Augsburger Stich von Höroldt bemalt worden sein. Den Schlangenbader auf Engelberts Stich und der Kanne sehen wir noch einmal auf einem Teller, der, wie die Kanne, um 1725 entstanden ist[24].

Wieder von Peter Schenk, aus der Folge »Pictura sinicae ac surattenae« von 1702, stammt die Vorlage, die Höroldt auf einem Koppchen aus Böttgerporzellan um 1725 wiedergibt[25].

Joan Nieuhof brachte 1666 in Antwerpen die Szenenfolge: »Hit Gezantschap der Neêrlandtsche Oost-Indische Compagnie aan den Keizer von China« heraus; die deutsche Ausgabe diente ebenfalls Meißner Malern der Frühzeit als Vorlagenmaterial.

Als rein deutsche und allein der Porzellandekoration dienende Erfindung gelten die Chinoiserien Höroldts, die in Anlehnung an die er-

Runder Teller *mit gelbem Fond. In weiß ausgesparter Kartusche Chinesendarstellung in bunten Farben nach Stichvorlagen von Peter Schenk. Um 1740*

wähnten Reisewerke über den Fernen Osten entstanden sind. Hofmann vermutet zu Recht, daß nicht erst Höroldt die Chinesendarstellungen auf Porzellan in Meißen eingeführt hat, sondern daß Augsburger Ornamentstecher und Hausmaler ursprünglich die Anregung dazu lieferten, zum Beispiel Albrecht Schmidt aus Augsburg, dessen erhaltengebliebene Serie von Chinoiserien aus der Zeit vor Höroldt datiert. Daß die Anregung zu diesem Dekor von Augsburg ausgegangen sein könnte, deckt sich auch mit den Forschungsarbeiten von Siegfried Ducret, allerdings mit Einschränkung auf die »radierten Goldchinesen«. Denn nach Ducret malten in Meißen vor dem Eintritt Höroldts zum Beispiel Martin Schnell und Funcke Chinoiserien in Gold, Silber und Lackfarben. Sie scheinen als erste die oben erwähnten niederländischen Vorlagen benützt zu haben, unabhängig von den Hausmalern in Augsburg, denn Ducret schreibt: »Diese japanischen Figuren im Stil des Martin Schnell haben allerdings mit den Augsburger Chinesen nichts zu tun.«

Jedenfalls scheint es Höroldts Bestreben von Anfang an gewesen zu sein, von der den Künstler weniger befriedigenden Nachahmung loszukommen, den Motiven aus dem fernöstlichen Kulturkreis einen europäischen Charakter zu geben und sein Repertoire um zeitgenössische Genredarstellungen zu erweitern.

Seine Chinesenzeichnungen verraten eine ausgeprägte künstlerische Begabung und spiegeln das Verspielte und Heitere des beginnenden Rokoko wider. Mit Feder und spitzem Pinsel, teilweise auch in Farbe und in Kartuschen hineinkomponiert, entwirft Höroldt einen beschwingten Reigen von Einzeldarstellungen und ganzen Szenenfolgen

Schale *mit bunten Chinesenszenen in zwei Kartuschen in den Farben Eisenrot, Braun, Böttger-Lüster und Gold. Zwischen den Kartuschen Zweige aus indianischen Blumen*

Deckelbecher *mit Akanthusreliefblättern, goldstaffiert, dazwischen Goldspitzen. Umlaufend zwei Chinesenszenen in den Farben Eisenrot, Violett, Grün und Blau. Keine Marken. Um 1730* ▷

aus einer fernöstlichen Märchenwelt. Die 1725 und 1726 entstandenen Musterblätter, die er selbst in Kupfer sticht, um sie auf einer eigens dafür angeschafften Presse vervielfältigen zu können, verraten unverkennbar die Absicht, mit dieser Fülle von Ideen Vorlagen zu schaffen, nach denen sich seine Mitarbeiter zu richten haben. Innerhalb dieses von ihm gesteckten Rahmens sind sie frei und haben Gelegenheit zu variieren, die fertigen Erzeugnisse jedoch, ganz gleich, wer daran beteiligt ist, verraten den Stil des Meisters.

Es sei dahingestellt, ob Höroldt auf diese Weise wie auch durch die Auswahl seiner Mitarbeiter — er bevorzugte des Malens unkundige

Pot de Nuit, *leicht ovale Form. Bunte Chinesendarstellungen in zwei gegenüberliegenden Kartuschen: Zwei Männer beobachten zwei badende Mädchen; Dame sieht einem Herrn zu, der einen Putto malt. Zwischen den Kartuschen Vögel und Ranken in Eisenrot und Gold. Durchmesser 15 cm. Um 1723—1725*

Napf mit Unterteller. *Deckeldose mit Gelbfond und zwei Schlangenhenkeln, teilweise blau staffiert. In den ausgesparten Kartuschen auf der Gefäßwandung und dem Deckel bunte Chinoiserien. Deckelknauf in Gestalt eines Affen. Auf der Untertasse Zweige aus indianischen Blumen und Goldspitzendekor am Rand. 1725—1730* ▷

Kräfte, die er selbst anlernte — verhindern wollte, daß ihm jemand ins Handwerk pfuschte oder dreinredete. Nicht zu übersehen sind jedenfalls die sich aus dieser Einstellung ergebenden Vorteile für die Manufaktur. Aus Höroldts Werkstatt kommt stets Ware von gleichmäßig vorzüglicher Qualität und in Mengen, die er allein niemals hätte bewältigen können.

Die ab Mitte der zwanziger Jahre entstehenden Arbeiten unterscheiden sich durch ihren malerischen Stil deutlich von den frühen Malereien. Statt der silhouettenhaften, an Scherenschnitte oder Szenen aus dem Schattentheater erinnernden Darstellungen ohne räumliche Tiefe, entstehen mit Hilfe der nun verwendeten kräftigen Farben lebendige Szenen inmitten einer reich staffierten Landschaft vor einem von

Teekanne *von kugeliger Form mit Asthenkel. Im blauen Fond ausgespart vier hochformatige und zwei kleine Kartuschen mit bunten Chinesenszenen*

Teekanne *in Form einer grotesken, dickleibigen, bärtigen Kriegerfigur, auf einer Muschel ruhend, deren Hände einen Delphin halten, der als Ausguß dient. Deckel in Helmform. Der Henkel ist als weiblicher Satyr gestaltet. Auf beiden Seiten des Körpers bunte Chinoiserien auf Erdsockel, darunter Behang aus Laub- und Bandelwerk in Eisenrot, Purpur und Gold. Höhe 15 cm. Keine Marken. Um 1720*

Vögeln und Insekten belebten Himmel, zuweilen auch mit Bergen und Burgen im Hintergrund.

Und nachdem man in der Lage ist, auf Gefäße Fondfarben aufzumalen oder aufzuspritzen, besonders Stöltzel hat damit experimentiert und schon 1721 für Höroldt ein gelbes Koppchen angefertigt, erübrigt es sich, das gemalte Motiv mit einem Rahmen aus reichem Spitzen- und Bandelwerk zu umgeben. Nur anspruchsvollere Stücke werden noch mit goldenem Beiwerk versehen.

Neben die Chinoiserien treten nun auch Motive, wie sie Höroldt schon seit 1720 ins Auge gefaßt haben mag: holländische Landschaften, Jagd-, Park- und Schlachtenszenen. Stiche nach Gemälden berühmter europäischer Maler liefern die Motive.

Die wachsende Vielzahl so unterschiedlicher Darstellungen läßt es Höroldt geraten erscheinen, die Spezialisierung seiner Mitarbeiter auf bestimmte Gebiete konsequenter als bisher einzuführen. Die schon früher in Anfängen spürbare Arbeitsteilung wird nun strikt angewendet.

In der Meißen-Literatur, in Museums- und Ausstellungskatalogen,

in Sammler- und Händlerkreisen, in den Beschreibungen der Versteigerungskataloge hat sich der Begriff »Höroldtmalerei« eingebürgert und umfaßt nahezu alles, was unter Höroldts Leitung in der Manufaktur entstanden ist. Reich dekorierte Stücke sind wahrscheinlich durch mehrere Hände gegangen. Gesicherte Zuschreibungen sind sehr selten. Trotzdem wird immer wieder versucht, Arbeiten aus Höroldts Werkstatt mit den Namen seiner zahlreichen Mitarbeiter in Verbindung zu bringen.

Walcha führt die Namen von zwölf Malern auf, die 1724 unter Höroldt arbeiten[26]. Was sie malen, wird nicht erwähnt. Am längsten bei ihm ist Johann Georg Heinze, der Johanni 1720 als Lehrling zu ihm kommt. Inzwischen ausgeschieden ist Johann Caspar Ripp, der lange Zeit in Delft Fayence bemalte, dann zu Peter Eggebrecht ging und Anfang September 1720 von Höroldt dort abgeworben wird. Etwa um die gleiche Zeit wie Ripp nimmt Höroldt Johann Christoph Horn auf. Er wird wie Heinze und Ripp in der ersten Zeit ausschließlich mit der Malerei in Unterglasurblau beschäftigt gewesen sein, ebenso Johann Gottfried Mehlhorn, der allerdings, neben Johann August Richter, Angestellter der Manufaktur ist.

In einer Liste »Derer zur Mahlerey gehörigen Personen« vom April 1731 finden wir von den zwölf Malern von 1724 neben Heinze und Horn die Namen Häuer (Hoyer), Bezold (Petzold), Wolff und Stadler wieder. Unklar ist, warum Joh. Gottl. Ebsmehl in der Liste aus dem Jahr 1724 fehlt; denn 1731 ist er, wie aus der Spalte »Wie lange in der Fabrique« hervorgeht, seit achteinhalb Jahren dabei, müßte demnach Ende 1722 mit der Arbeit für die Manufaktur begonnen haben.

Höroldt bildet seine Mitarbeiter, die ungelernt oder aus anderen Berufen zu ihm kommen, selbst aus und drillt sie, um mit Walcha zu sprechen, auf einen speziellen Einsatz hin. Zu den wenigen in der Fayencemalerei erfahrenen Kräften gehören Johann Christoph Horn und Johann Ehrenfried Stadler, der einundzwanzig Jahre alt ist und seine Lehre hinter sich hat, als Höroldt ihn 1723 nach Meißen holt.

Es haben sich bemalte Porzellane in den frühen Meißner Farben Purpur, Rot, Grün, Blau und Gold erhalten, die die Hand des Fayencemalers verraten. Dies legt die Vermutung nahe, daß es sich in solchen Fällen um Arbeiten jener Maler handeln könnte, die Höroldt von Peter Eggebrechts Fayencefabrik übernahm, also Horn und Stadler.

Achteckige Kaffeetasse *mit Untertasse. Tasse mit grünem Fond. In ausgesparter Kartusche der Tasse und im Spiegel der Untertasse bunte holländische Flußlandschafts- und Hafenszenen mit figürlicher Staffage. Goldspitzenmuster auf dem inneren Tassenrand und auf dem Tellerrand. Umrahmung der Kartusche des Untertellers in Eisenrot, Braun und Gold. Um 1735—1740*

Ein Paar sechseckige Balustervasen. *Leibung mit violettem Fond und ausgesparten Kartuschen, darin indianische Blumen. Gefäßkanten mit Blättern bemalt. Fuß und Hals weiß, mit bunten Blütenzweigen. Deckel mit violettem Fond und Kartuschen. Knäufe in Form von plastisch ausgeformten Küken. Schlangenstab-Marken. Um 1725*

Ersterer könnte, vermutet Siegfried Ducret, einen Walzenkrug aus Böttgerporzellan um 1721 bemalt haben[27]. Die Darstellung zeigt eine Flußlandschaft holländischen Charakters. Im Vordergrund treiben zwei bemannte Kähne auf dem Wasser, vom Ufer etwas zurückgesetzt stehen eine Schloßruine und Fischerkaten vor Bäumen. Der sich darüber wölbende Himmel ist durch leichte Schattierung in Blau angedeutet. Es ist eine für die holländische Landschaftsmalerei des 17. Jahrhunderts typische Szene und mit großer Wahrscheinlichkeit einem jener Kupferstiche nachempfunden, die Höroldt 1720 übergeben worden waren.

Auch Stadler kommt von der Fayencemalerei. Die sogenannten Fächerchinesen werden für seinen Malstil als typisch anerkannt. Ducret bezeichnet ihn als den »Maler der graphischen Chinesen« und hebt die saubere Umrißzeichnung in Schwarz oder Eisenrot hervor. »Seine (Stadlers) Chinesen tragen groteske Schirme, Fächer und Fliegenwedel, oft führt er ganz willkürlich zaunähnliche Gebilde in seine Gemälde ein; seine Blattrispen haben Dornen und kugelige Früchte ... Obwohl diese Malereien hart wirken, so sind sie doch in der Farbensymphonie einmalig und großartig.«

Stadlers Hand lassen auch zwei frühe Meißner Birnenkrüge erkennen, die bei Christie's in London am 28. März 1977 versteigert wurden[28]. Die Malereien wirken großzügig in der Raumaufteilung. Auf dem ersten Krug in der Londoner Auktion verbeugt sich ein Chinese vor einem Würdenträger. Zu beiden Seiten der Darstellung wachsen Zweige mit blühenden Päonien und Prunus aus Felsen hervor bis zum Hals des Kruges hinauf und geben der figürlichen Darstellung einen lockeren Rahmen. Vögel und Insekten beleben den Himmel. Auf dem zweiten Krug (siehe Abbildung Seite 79) spielen zwei Chinesenkinder am Seeufer mit einem Windrädchen, von einer chinesischen Dame beaufsichtigt. Auch hier Vögel und Insekten am Himmel und eine seitliche Begrenzung der figürlichen Darstellung durch Palmen und Kiefer auf einer Insel und einer Pagode hinter schroffen Uferfelsen. Im Hintergrund zart angedeutet purpurfarbene Berge.

Derber in der Pinselführung, aber auch sehr kräftig in den Farben, ist die gemalte Darstellung auf dem auf Seite 78 abgebildeten Walzenkrug mit Porzellandeckel aus der oben erwähnten Versteigerung bei Christie's, in der Katalogbeschreibung »probably by J. E. Stadler« bezeichnet. Der breite Rand des gewölbten Porzellandeckels ist mit Blatt- und Blütenzweigen bemalt, die flache Mitte mit einem Chinesen, der ein Räuchergefäß hält. Der Krug trägt die blaue Schwertermarke und stammt aus der Zeit 1725/1730.

Ein sehr ähnliches Motiv, zwei Chinesen im Kampf gegen ein Ungeheuer, finden wir auf einem Walzenkrug in der Sammlung Ernst Schneider, Lustheim, den Rainer Rückert wie folgt beschreibt[29]:

»Bunt bemalt im Kakiemon-Stil: oben und unten umlaufende Gitterbordüre in eisenrotem Purpur, darin halbe Päonien- und Chrysanthemenblüten in Purpur und Gold. Dazwischen auf der Wandung umlaufend vor einem Gartenzaun ein Chinese im Kampf mit einem kylinartigen Drachen, dem er eine Lanze in den Rachen stößt. Darüber hängt in einem Bambusbaum ein zweiter Chinese, der dem Tier eine Schlinge um den Hals geworfen hat. Seitlich große Päonienstauden und ein zweiter, mit Gold gehöhter Drache. Am Himmel Schmetterlinge und ein dritter bunter Drache. Auf dem Henkelrücken eine bunte Päonie. Farben: Seegrün, Emailblau, Gelbgrün, Eisenrot, Gelb, Gold, Braun, Purpur und Schwarz ... wohl um 1730.«

Rückert verweist unter anderem auf Doenges[30]. Der dort in Farbe

Walzenkrug *mit montiertem Porzellandeckel. Bunte Chinesenszene auf Vorderseite und Deckel, mit indianischen Blumen. Unter dem Lippenrand grüner Rundstreifen mit halben Blüten. Höhe 16 cm. 1725 bis 1730*

wiedergegebene Walzenkrug ist identisch mit dem bei Lange in Berlin im Mai 1941 unter Nummer 493 versteigerten Krug (Abbildung im Katalog Tafel 63): »Walzenkrug mit silbervergoldetem Deckel und Fußreif. Zylindrisch mit Ohrhenkel. In bunten Farben mit Chinesenszene und Randbordüren bemalt. Zwei Chinesen bekämpfen einen Drachen, der zu Füßen eines Palmbaumes liegt; der eine Chinese wird von einem Fabeltier angefallen, ein anderes sitzt in der Krone der Palme, ein fliegender Drache und ein Schmetterling begegnen sich in der Luft. Überglasurblaue Schwertermarke. Bemalung Adam Friedrich von Löwenfinck zugeschrieben. Die Fassung hat die Dresdener Beschau (Rosenberg, 1669) mit Jahresbuchstaben N und Meistermarke I A S. Dresden, 1738, unbekannter Meister. Meißen, um 1734.«

Birnenförmiger Krug *mit Bemalung in bunten Farben und mit Böttger-Lüster. Arbeit von Johann Ehrenfried Stadler. Höhe 23 cm. 1725—1730. Vergleiche ähnlichen Krug in der Sammlung Schneider, Schloß Lustheim, und Abbildungen bei Rükkert Nr. 222—224*

Bemerkenswert ist die Zuschreibung an Adam Friedrich von Löwenfinck, auf den wir noch zurückkommen, wohl wegen der Fabeltiere, für die er eine Vorliebe gehabt haben soll. Die Bemalung stammt zweifelsfrei von derselben Hand wie die auf dem von Rückert beschriebenen Krug, der die Urheberschaft offen läßt. Im Motiv ähnelt die Malerei der des Walzenkruges bei Christie's, aber der Stil ist ein anderer. Diese Beispiele mögen als Hinweis darauf dienen, daß beliebte Motive wiederholt und in Variationen von verschiedenen Mitarbeitern Höroldts gemalt worden sind.

In der Dresdner Porzellansammlung befinden sich zwei von Stadler signierte Arbeiten, eine Deckelterrine mit Untersatz und eine Laterne. Letztere ist bei Walcha in Farbe wiedergegeben, außerdem ein Teller mit ostasiatischem Dekor, bemalt von Stadler um 1725[31]. Der Spiegel

Teller *mit faconiertem Rand. Im Spiegel kauerndes Fabeltier, darunter Gruppe kleiner Insekten in bunten Farben. Auf der Tellerfahne Blütenzweige und Schmetterlinge in Purpur-Camaieu. Um 1735*

des Tellers zeigt auf weißem Grund einen Hahn mit ausgebreiteten Flügeln vor einem aus zwei großen, lappigen Blätter hervorsprießenden, üppig blühenden Zweig. Die in Rot und Blau fein gemalte Randbordüre auf der Fahne des Tellers ist durch vier kleine, weißgrundige Reserven unterbrochen, die je eine auf dem Innenrand aufsitzende halbe Blüte enthalten, das gleiche Schmuckmotiv also, das uns auf den oben beschriebenen Krügen begegnet. Die Ausführung des Hahns entspricht auffallend der des Riesenvogels auf dem bei Christie's versteigerten Krug.

In der Liste von 1731 wird Stadler als Maler von »Blühmen-Werck« geführt. Man mag darin einen Widerspruch sehen zu den Stadler zugeschriebenen Chinesendarstellungen. Andererseits ist es nicht ausgeschlossen, daß Höroldt ihn um 1731 speziell für die Blumenmalerei einsetzte.

Interessant im Zusammenhang mit Stadlers Arbeiten sind zwei Augustus Rex-Balustervasen mit blauen AR-Marken aus der schon zitierten Versteigerung bei Christie's, von denen die eine hier abgebildet ist. Die Chinesendarstellungen, in kräftigem Unterglasurblau gemalt, sind identisch. Sie sollen laut Katalog um 1723 entstanden sein. Stadler beginnt im selben Jahr für Höroldt zu malen, die Zuschreibung an ihn könnte also zeitlich gesehen zutreffen. Stilistisch kann man die Malerei mit der Bemalung einer Deckelterrine mit Unterteller im Bayerischen Nationalmuseum vergleichen[32]. Als Vorlage diente die Stichfolge »Nieuwe geinventeerde Seneesen« von Petrus Schenk d. J. Laut Rückert kommt »als Maler J. E. Stadler in Frage«. Noch stärker fällt die Übereinstimmung im Stil mit der Bemalung eines Kruges mit kugeligem, seitlich abgeplattetem Bauch auf, der sich in der Sammlung Schneider befindet und der bei Rückert unter Katalog-Nummer 224 beschrieben und abgebildet ist. Besonders der florale Dekor ist dem auf dem Hals der Balustervase sehr ähnlich. Rückert gibt die Entstehungszeit zwischen 1725 und 1730 an und vermutet Stadler als Maler.

In der Beschreibung der Balustervase im Christie-Katalog wird auf eine bei Hugo Morley-Fletcher abgebildete Kürbisvase aufmerksam gemacht[33]. Selbst wenn man die Tonabweichungen bei Farbaufnahmen und -reproduktionen berücksichtigt, erinnert diese in blassem Blau bemalte Vase stärker an Fayencemalereien als die beiden Augustus Rex-Balustervasen.

Morley-Fletcher vermutet, daß die Kürbisvase um 1720 entstanden ist. Stadler oder Horn können demnach nicht die Maler gewesen sein. Dies träfe schon eher auf den unmittelbar für die Manufaktur als Blaumaler tätigen Johann Gottfried Mehlhorn zu.

Mehlhorn ist der Sohn des Poliermühleninspektors Johann Georg Mehlhorn, »der vom Jahre 1713 bis zum Jahre 1730 in der Fabrik tätig gewesen und dann in Pension gegangen war«[34]. Mehlhorn soll sich später damit gerühmt haben, Miterfinder des Porzellans und Erfinder der blauen Unterglasurfarbe zu sein, was zwar den Tatsachen widerspricht, jedoch ausreichte, um eine Erhöhung seiner Pension durchzusetzen.

Von seinem Sohn Johann Gottfried heißt es bei Doenges, er sei »1718 nach Meißen berufen worden, um die bis dahin nur sehr unvollkommen herstellbare blaue Unterglasurfarbe zu verbessern«. Hugo Morley-Fletcher erwähnt den jungen Mehlhorn — wobei er sich auf Fabrikprotokolle beruft — im Zusammenhang mit David Köhler und schreibt, Mehlhorn und Köhler hätten im März 1720 »das schwierige Problem eines befriedigenden Unterglasurblaus gelöst«. Dabei soll sich Köhler mit der Farbe befaßt haben, während Mehlhorn das zu bemalende Porzellan für den Brand verbessert haben soll. Walcha wiederum bezeichnet Johann Gottfried Mehlhorn als einen nur wenig befähigten Maler, der »im Festlohn weniger anspruchsvolle Arbeit, in der Hauptsache wohl Unterglasurmalerei« ausgeführt habe und der »wegen offenbarer Unfähigkeit schon bald wieder als Former beschäftigt« wurde.

Schließlich sei noch auf Hofmann verwiesen, der »die Initiative des Meißener Blaumalers Johann Gottlieb Mehlhorn« bei der Gründung der dänischen Porzellanfabrik »Zum Blauen Turm« im Jahre 1760 erwähnt.

Im Widerspruch vor allem zu Walchas Ausführungen über den jungen Mehlhorn steht die Zuschreibung »painted by J. G. Mehlhorn« des auf Seite 87 abgebildeten, mit Chinoiserien bemalten Walzenkruges mit vergoldeter Silbermontierung von Paul Solanier aus Augsburg, der 1725 gestorben ist. In einer in Gold und Eisenrot sehr fein gemalten Kartusche im Laub- und Bandelwerkstil sitzen an einem Tisch im Freien drei pfeifenrauchende und teetrinkende Chinesen; vor dem Tisch ein Hündchen, und ganz im Vordergrund, im unteren Rund der

Balusterdeckelvase *mit Bemalung in Unterglasurblau: Chinesen in Landschaft mit fliegendem Phönix. Auf dem Hals blühende Äste, die aus Felsen herauswachsen. Blaue AR-Marke. Um 1723*

vierpassigen Kartusche, der Ausschnitt eines Wasserlaufes. Unzweifelhaft von derselben Hand stammt der von Siegfried Ducret wiedergegebene Walzenkrug, der am Rand eines im Ausschnitt gezeigten Wasserlaufes eine aus fünf Personen bestehende Teegesellschaft darstellt[35]. Ducret geht auf die Autorschaft nicht näher ein und führt das Motiv als Vorbild für die Augsburger Hausmaler an, erwähnt jedoch die unterglasurblaue Umrandung der Kartusche, die auch der Krug bei Christie's aufweist. Im Versteigerungskatalog wird unter anderem Bezug genommen auf einen Deckelkrug im Victoria & Albert Museum, den W. B. Honey in »Dresden China« pl. XVa abgebildet hat und den er *»as probably by J. G. Herold«* beschreibt.

Zu dieser Gruppe gehört ein weiterer bemalter Walzenkrug mit Dresdner Vermeilmontierung aus dem Jahr 1723*. Hier sehen wir wieder die oben beschriebene vierpassige Kartusche mit unterglasurblauem Innenrand und in bunter Malerei zwei rauchende und teetrinkende Chinesen an einem Tischchen im Freien. Der auf dem Krug bei Christie's links am Tisch sitzende Chinese hat einem Hündchen auf dem Schemel Platz machen müssen, dafür steht hinter dem Raucher und Teetrinker rechts am Tisch eine Chinesin mit einem Tablett. Eine ähnliche Figur, allerdings einen Fächer in der erhobenen Linken und ein Täschchen in der Rechten haltend, steht auf dem bei Ducret abgebildeten Krug hinter dem links am Tisch sitzenden Chinesen. Das Flüßchen im Vordergrund scheint auf dem Krug der Neumeister-Auktion ausgetrocknet zu sein. Bei Neumeister schreibt man die Arbeit ohne Einschränkung — Honey verhielt sich etwas zurückhaltender — »Johann Gregorius Hoeroldt« zu und legt die Entstehungszeit, gestützt auf den Jahresbuchstaben für 1723 der Dresdner Montierung, in die Zeit zwischen 1720 und 1723.

Die Zuschreibung des Kruges bei Christie's an Mehlhorn muß demnach eher willkürlich entstanden sein oder von falschen Voraussetzungen ausgehen. Wie aber steht es mit der Autorschaft Höroldts? Wir kennen nur wenige Arbeiten, die zweifelsfrei seiner Hand entstammen, und die sind später gemalt. Wohl am bekanntesten ist die fast 40 cm hohe Stangenvase mit unterglasurblauem Fond und dem Monogramm »AR« in radiertem Gold in der Dresdner Porzellansammlung[36]. Sie

* Auktion 156 bei Neumeister in München, Oktober 1974. Farbtafel im Katalog.

trägt die volle Signatur: »J. G. Höroldt fec. Meißen, 17 Augusti 1726«. Von den beiden Reserven zeigt die auf der Vorderseite der Vase eine bunte Chinoiserie, von Höroldt nach eigenen Vorlagen gemalt, die ihr gegenüberliegende, indianische Blumen.

Kaffeekanne *mit bunter Chinesenszene nach Entwürfen von J. G. Höroldt. Kartuschenumrahmung in den Farben Eisenrot, Braun, Böttger-Lüster und Gold. Höhe 21,5 cm. Um 1730*

Die linke Hälfte der figürlichen Darstellung mit dem zwei Stöcke in die Höhe haltenden Chinesen, an welchen allerlei Tand hängt, samt Ziegenbock und Baum dahinter, stammen von einem Kupferstichblatt Höroldts[37]; der ihm am runden Tisch in Form einer flachen Trommel gegenübersitzende Chinese sowie der dahinter stehende, beide Hände einer Chinesin mit Blumenstrauß, die vor einem Tür- oder Fensterbogen steht, entgegenstreckende Chinese sind anderen, ebenfalls eigenhändigen Vorlagen Höroldts entnommen. Ducret schreibt dazu: »Da die Vase mit 1726 datiert ist, sind Gemälde und Stich gleichzeitig entstanden. Es ist eine späte und reife Arbeit des 29jährigen Johann Gregor.«

Eine weitere, mit größter Wahrscheinlichkeit eigenhändige Arbeit Höroldts, ist bei Ducret ebenfalls in Farbe wiedergegeben: ein 11,7 cm hoher Becher aus der Sammlung Otto Schäfer, Schweinfurt[38]. Dargestellt sind zwei Chinesen und ein Junge mit einem Fliegenwedel. Der zur rechten Seite vorgebeugt sitzende Chinese hält eine hochovale Tafel mit der Aufschrift: »Rahel Eleonor Höroldt, 1725«. Ducrets Beschreibung:

»Wir haben bis heute die Auffassung vertreten, daß Höroldt seine

Dedikationsstücke eigenhändig bemalt hat, eine Ansicht, der wohl jeder Fachmann zustimmen kann. Der hier abgebildete Becher war bis heute unbekannt. Die vergrößerte Aufnahme soll uns die Malweise Höroldts vorführen. Vergleichen wir sie zum Beispiel mit den zeichnerischen Arbeiten eines Ehrenfried Stadler, so zeigt sie uns die eminent malerische Technik Höroldts. Alles ist Farbe, alles ist fleckig gemalt ohne Grenzen, nur Licht und Schatten. Wenn wir die signierten

Walzenkrug *mit Montierung. Vierpaßkartusche in den Farben Unterglasurblau, Eisenrot, Böttger-Lüster und Gold. Darin bunte Chinesenszene unter blauwolkigem Himmel. Vergoldete Silbermontierung von Paul Solanier, Augsburg, 1723—1725*

◁
Ein Paar vierkantige, birnenförmige Sake-Flaschen *mit umlaufenden bunten Chinesenszenen: je zwei sich gegenüberliegende Seiten mit Würdenträgern auf runden Podesten in Eisenrot und Purpur, in den Feldern dazwischen Chinesen in demütiger Pose und blühende Pflanzen. Höhe 20 cm. Aus der Sammlung August des Starken, 1722. Vergleiche Rükkert Abb. 126*

und dedizierten Werke Höroldts mit seinen Radierungen vergleichen, dann lassen sich für ihn bestimmte Eigenarten herausheben. Es sind das die dicken schwarzen perückenartigen Haare der Frauen, die bizarren Kopfbedeckungen der Männer, die gemusterten, in vielen Falten liegenden Gewänder, die ausdrucksvollen, mit Farbe förmlich modellierten Gesichter mit der markierten Nase, hohe Postamente, Bäume mit schachtelhalmartigen Gebilden, Stühle mit hohen Lehnen, kleine Tiere als Blickfang, wie Hunde und Affen usw. Dazu kommt eine diskrete Farbenharmonie, oft ein tiefes Braun, ein helles Gelbgrün. Höroldt liebt die Kontraste, für die er seine eigene Farbenskala verwertet.

Zu welchem Anlaß hat Höroldt diesen Becher bemalt? Aus dem Meißner Kirchenbuch erfahren wir, daß Höroldt am 6. Oktober 1725 geheiratet hat. Der entsprechende Eintrag lautet: »Johann Gregor Herold, bestellter Hoffmahler bey der Königl. Polnischen und Kurfürstl. Sächsischen Porcellain Fabrique zu Meißen, weyland Herrn Wilhelm Herolds, gewesenen Bürgers und Schneidermeisterhandwerks allhier Obermeister seel. nachgelassener jüngster Sohn anderer Ehe und Jgfr. Rahel Eleonore Keyls, fürnehmen Ratsverwandten zu Meißen ehelich einzige Tochter sind am 6. October 1725 zu Meißen Ercopuliret.« Wir dürfen annehmen, daß Höroldt diesen Becher zur Erinnerung an diese Feier seiner Frau geschenkt hat, denn sie heißt unter dem Datum des 26. Novembers bereits Rahel Eleonore Höroldt und nicht mehr Keyl.

Als Höroldts eigenhändige Arbeiten sind inzwischen ebenfalls anerkannt: eine JGHt signierte Dose; ein seinem Schwager Georg Ernst Keyl am 9. Juli 1724 gewidmeter Walzenkrug im British Museum; ein Krug für Beate Keyl aus dem Jahr 1726 im Rijksmuseum Amsterdam; eine Bechertasse für Christian Diedrich Glasewaldt, 24. August 1724 datiert; ein Tischkrug für Johann Gottfried Schlimpert vom 10. August 1725; ein Deckelkrug für Johann Friedrich Hüttel, 27. September 1727 datiert.

Eines der Glanzstücke der Auktion Meißner Porzellans bei Christie's am 28. März 1977 war ein Walzenkrug ohne Deckel mit vielpassiger, innen blau umrandeter Kartusche (siehe Abbildung Seite 91). Dargestellt sind sechs Chinesenfiguren. Zwei Männer sitzen an einem trommelähnlichen Tisch beim Tee. Ein dritter reicht von einem Podest herab eine hochovale Tafel mit der Aufschrift: »Gottfried Keil Anno. 1726 D. I. Decb.«

Es ist anzunehmen, daß Höroldt über diese uns erhalten gebliebenen Stücke hinaus weitere Geschenke für Familienmitglieder, Freunde und Bekannte gemalt hat und daß er die Bemalung dieser sehr persönlichen Gaben keinem seiner Mitarbeiter überlassen, sondern dies selbst besorgt hat.

Vergleicht man nun Höroldts eigenhändige Malereien mit den oben beschriebenen Chinoiserie-Darstellungen auf den Walzenkrügen, die vor 1725 entstanden sind und sich daher nicht auf Entwürfe Höroldts zurückführen lassen, so fällt auf, daß Höroldts Figuren zum Teil in sehr lebhafter Bewegung festgehalten sind, während bei ersteren eine Atmosphäre der Entspanntheit und Ruhe in der Haltung der Figuren zum Ausdruck kommt.

Mehlhorn scheidet als Maler solch qualitätsvoller Stücke mit Sicherheit aus. Von der Dauer der Zugehörigkeit zur Fabrik her gesehen, könnte man vielleicht an Noah Ernst Bezold oder Johann Georg Heinze denken, seit 1720 Höroldts erster Lehrjunge und Mitarbeiter. Er entwickelt sich unter der Aufsicht des Meisters zu einem vielseitigen

Zwei runde Deckelterrinen *mit Untersatz. Landschaftsszenen mit Figuren und Tieren in goldenen und lüstrierten Kartuschen. Rechter Teller mit bunten indianischen Blumen im Spiegel und Gittermuster zwischen den Reserven auf der Tellerfahne. 1735—1740*

und selbständig schaffenden Maler. In der Mitarbeiterliste von 1731 wird er als der Beste hervorgehoben, malt »Feine Figuren und Landschaften« und erhält monatlich 13 Taler, womit er zu den Spitzenverdienern gerechnet werden kann. Allerdings werden ihm keine »Tractamente zum Feyerabend« bezahlt, die sich zum Beispiel bei Joh. Christ. Horn, der ebenfalls 13 Taler im Monat erhält, auf 6 bis 10 Taler belaufen. Walcha spricht von einer »fortgesetzten Unterbewertung seiner qualitätvollen Leistungen«. Mag sein, daß er sich aus diesem Grund

Teller. *Im Spiegel vier Chinesenszenen auf tischförmigem Podest mit reichem Bandelwerk. Tellerfahne mit vier Längskartuschen, darin Landschafts- und Hafenprospekte mit figürlicher Staffage. In den Zwischenräumen Bandelwerk. 1730—1734*

Walzenkrug mit Chinesendarstellung und Widmung: »Gottfried Keil Anno. 1726 D. I. Decb.« Eigenhändige Arbeit Johann Gregor Höroldts

»zum Feyerabend« der Malerei auf Porzellan versagte und statt dessen zu Hause der verbotenen Emailbrennerei nachging.

Das Württembergische Landesgewerbemuseum in Stuttgart besitzt eine Emailplatte mit der inzwischen anerkannten Signatur Heinzes. Dargestellt ist im Stil holländischer Hafenszenen die Albrechtsburg mit reicher Staffage. Die Platte ist das einzige belegte Beispiel seiner Arbeiten und mit großer Wahrscheinlichkeit in Heimarbeit entstanden; denn Höroldt hätte ihn in seiner Werkstatt niemals Email bemalen und schon gar nicht signieren lassen.

Die Bemalung dieser Emailplatte läßt nun weitere Schlüsse zu, was und in welchem Stil Heinze für Meißen gemalt hat, also Ansichten und Landschaften mit reicher Staffage. Walcha erwähnt als beliebte Requisiten Heinzes einen »Obelisk, eine Postsäule und manchmal ein Denkstein, der in der Nachbarschaft eines Baumes in einsamer Landschaft steht«, als Merkmale seiner großen Befähigung die Tiefenwirkung seiner Landschaftsbildchen und »das Atmosphärische des weiten Himmels«.

Anders als Heinze, der erst unter Höroldt die Malerei erlernt, bringt der aus Berlin stammende Christian Friedrich Herold Kenntnisse im Umgang mit Farben und ein beachtliches Talent als Miniaturmaler mit, als er 1724 für Höroldt zu arbeiten beginnt. Walcha vermutet, daß er bei dem Dosenmacher Fromery in Berlin das Emaillieren gelernt hat, denn in seiner Freizeit emailliert auch er in Meißen Kupferdosen. Dies hätte Höroldt vielleicht noch hingehen lassen, aber als der Namensvetter damit anfängt, Porzellan mit erhabenem farbigem Emaildekor zu verzieren, läßt er ihm das Experimentieren verbieten.

Herold, der auch feine Chinoiserien gemalt haben soll, wird von Ducret als »Schöpfer der Hafenlandschaften und Kauffahrteiszenen« bezeichnet, mit der Einschränkung, daß es »neben ihm in dieser Frühzeit noch sechs weitere Landschafter« gab. Damit dürften gemeint sein: Heinze, Johann Benjamin Wenzel (seit Mitte 1725), Joh. Gottl. Erbsmehl (seit 1722), Joh. Chr. Dietrich (1728), Bonaventura Gottlieb Häuer (seit 1724). Ducret charakterisiert Herolds Porzellanbilder wie folgt: »Klassisch für Herold sind die folgenden Merkmale: eine aus zwei oder drei Männern bestehende Mittelgruppe, von der der eine mit erhobenem Arm von vorne, der andere in Rückenansicht gezeigt wird. Sie sind umgeben von Warenballen und Fässern, an denen ein sitzender oder kniender Diener hantiert. Kleinere Zweiergruppen werden auf die ganze Bildfläche verteilt. Auf dem Wasser sind Boote und Segelschiffe, hinten am Horizont wieder silhouettenartig Schiffe und Türme. Ein größerer Turm, als Ruine gemalt und mit Sträuchern bewachsen, findet sich meistens links im Hintergrund.«

Aus Walcha sei ergänzend hinzugefügt, daß Herold das Figürliche »wie selten ein anderer« beherrschte. »Doch bringt er wenig Handlung in seine Szenerie und zeigt meist Menschen, die sich friedlich unterhalten.«

Herolds Emailarbeiten nach Feierabend haben wir es zu danken, daß sich von ihm signierte Stücke erhalten haben, und die Zuschreibung wird dadurch erleichtert, daß er dafür die gleichen Motive heranzog, die er in Höroldts Werkstatt zu malen hatte.

Christian Friedrich Herold ist neunundsiebzig Jahre alt geworden

Spülkumme. *In Rankenkartusche bunte Hafenszene, gemalt von Christian Friedrich Herold. Malermonogramm CH auf einem der Warenballen im Bild rechts. 1725—1728*

und hat Meißen nie verlassen. Daß er sich dem im Laufe der Zeit wechselnden Geschmack ohne Schwierigkeiten anzupassen vermochte, verraten seine Schlachtenszenen. Die Bewegtheit dieser Malereien, die Dynamik des Geschehens stehen in deutlichem Gegensatz zu der Ruhe, die über seinen Hafenlandschaften und Kauffahrteiszenen liegt.

Noch einmal tritt seine Beherrschung des Pinsels hervor, als er sich in hohem Alter und wiederum dem Geschmackswandel folgend auf die Blumenmalerei verlegt.

Nicht nur Heinze und Herold beschäftigen sich in ihrer Freizeit mit der Emailmalerei auf Kupfer, auch Johann Gottlieb Erbsmehl tut dies. Doch scheint er vor Nachstellungen verschont geblieben zu sein. Laut Malerliste von 1731 besteht seine Arbeit in der Ausführung von »feinen Japp. Figuren und Landschafften«. Offensichtlich in Würdigung seiner Leistungen wird er 1739 Malereivorsteher.

Ebenfalls zum Malereivorsteher ernannt, allerdings erst 1757, wird Bonaventura Gottlieb Häuer (Hoyer). 1731 ist er seit sieben Jahren Mitarbeiter Höroldts, steht aber noch nicht in Festlohn und erhält 6 bis 12 Taler monatlich. Auch seine Arbeit umfaßt »feine Figuren und Landschafften«. Nach Walcha gilt Häuer »allgemein als der geschickteste Maler, der es zu einer souveränen Fertigkeit in der Gestaltung

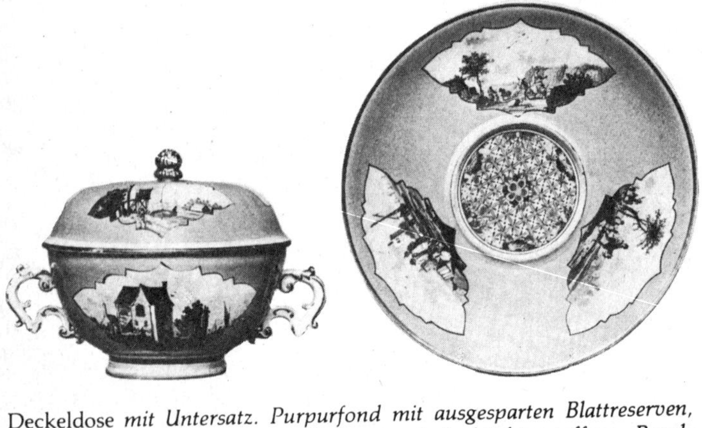

Deckeldose *mit Untersatz. Purpurfond mit ausgesparten Blattreserven, darin bunte Landschaften mit Figuren und Architekturstaffage. Runde Mittelvertiefung des Untersatzes mit chinesischem Gittermuster und stilisierten Blüten. Um 1745*

Bauchige Teekanne *mit Ohrenhenkel. In den beiden Kartuschen bunte Kauffahrteiszenen. Gold- und Lüsterspitzen, dazwischen kleine Chinesenfiguren in Gold. Um 1724—1726*

figurenreicher Prospekte, insbesondere aber der Darstellung von Bataillen, brachte«.

Mit dreizehn Jahren beginnt Adam Friedrich von Löwenfinck die Lehre bei Höroldt. 1731 — er ist inzwischen siebzehn Jahre alt — gehört er zu den zehn in der Malerliste aufgeführten Lehrlingen, und seine Arbeit besteht im Malen von »bunden Bluhmen«. Drei Jahre später wird er als Geselle übernommen und darf nun anspruchsvollere Arbeiten ausführen. Er gilt als der originellste, vielseitigste und genialste Maler in Höroldts Werkstatt. Was er alles gemalt hat, ist auch heute schwer zu bestimmen. Einen gewissen Anhaltspunkt mag seine Vorliebe für das Groteske bieten; Walcha geht ausführlich darauf ein und bezeichnet Löwenfinck unter anderem auch als Schilderer »von Jagden, reiterlichen Künsten, burlesken Begebenheiten«. Er warnt allerdings davor, hinter allen Fabeltieren den Maler Löwenfinck als Urheber zu sehen[39].

Löwenfinck verläßt Meißen am 6. Oktober 1736 fluchtartig. Streit im Betrieb und Schulden sind der Anlaß. Er zählt zu den Mitbegründern der Höchster Manufaktur, geht anschließend nach Hagenau zu Hannong und stirbt 1754. Er ist vierzig Jahre alt geworden.

Adam Friedrich von Löwenfinck ist für die Meißenforschung nicht nur wegen seines eigenwilligen Stils interessant. Ein Brief Löwenfincks vom 6. November 1736 an ein Kommissionsmitglied der Manufaktur schildert unter anderem die zum Teil skandalösen Zustände, die in Höroldts Werkstatt herrschten[40].

Die Hausmaler

Über in Augsburg bemaltes Meißner Porzellan zwischen 1718 bis um 1750 sind wir durch die eingehenden Quellenstudien Siegfried Ducrets ausführlich unterrichtet. Ducret bringt in seinem zweibändigen Werk[41] die Forschung auf den neuesten Stand.

Am 2. Mai 1711 geht die erste Sendung aus Meißen nach Augsburg ab, eine Kiste rotes Böttgersteinzeug an den Augsburger Goldschmied Tobias Bauer. Wahrscheinlich ist die Ware für den Verkauf bestimmt. Erinnern wir uns, wie schwierig es anfänglich war, für Böttgersteinzeug Kunden zu finden, verwundert es nicht, daß Bauer im Februar darauf den größten Teil der Sendung unverkauft nach Meißen retourniert. Im August 1712 liefert Meißen eine Bestellung von »Chocolade Bechergen« nach Augsburg, die von den dortigen »cramern«, vorwiegend Galanteriewarenhändlern, verkauft werden.

Die Handelsbeziehungen zwischen Meißen und Augsburg gestalten sich günstig, und Augsburger Händler schicken Vorlagen aus Silber, Gips- und Holzformen nach Meißen, nach denen die gewünschten Waren hergestellt werden sollen.

Meißner Porzellan dürfte demnach auf legalem Weg nach Augsburg gelangt und dort von den Hausmalern nach den Wünschen der Kundschaft und im Hinblick auf den Absatz dekoriert worden sein. Es ist anzunehmen, daß sich die Augsburger Hausmaler das Porzellan in

Sachsen holten, wie es die sächsischen Haus- und Winkelmaler taten, die weißes Porzellan seit 1713 in Leipzig auf der Ostermesse kaufen konnten oder auf dem Domplatz in Dresden, wo die Manufaktur den sogenannten Brack anbot.

Auch der »graue« Markt wird ihnen zu weit entfernt gewesen sein, auf welchem Porzellan verkauft wurde, das Manufakturarbeiter statt des Lohns erhielten oder das auf dunklen Kanälen aus Warenlagern der Manufaktur in den Handel kam.

In Augsburg scheint man Meißner Porzellan nicht nur bemalt zu haben, um es leichter weiterverkaufen zu können. Siegfried Ducret glaubt, »daß Meißen die Bestellungen für Goldchinesengeschirre zur Erledigung nach Augsburg schickte«, was nichts anderes bedeutet, als daß vor und in den ersten Jahren nach Höroldts Eintritt in die Manufaktur die Augsburger Hausmalerei der Fabrikmalerei in Meißen überlegen war.

Ducrets Nachforschungen in den Augsburger Archiven brachten Erkenntnisse über die Hausmalerfamilien Seuter und Aufenwerth, auf die sich Kunsthistoriker wie Gustav E. Pazaurek[42] noch nicht stützen konnten. Nach Pazaurek hat die Hausmalerei in Augsburg nach 1728 bald aufgehört, und auch Gustav Weiß[43] übernimmt diese Ansicht. Siegfried Ducret weist dagegen nach, daß die Augsburger Hausmalerei erst nach dem Tod Aufenwerths richtig einsetzte, nachdem der Goldarbeiter und Galanteriewarenhersteller Bartholomäus Seuter am 24. Dezember 1726 vom Rat zu Augsburg das Privileg erhalten hatte, »Gold und Silber auf das feine Porcellangeschirr zu schmelzen«.

Johannes Aufenwerth, Sohn eines Augsburger Statt Guardi Corporals, betätigte sich wohl mehr schlecht als recht als Goldarbeiter, Feuermaler, Silberhändler und — wahrscheinlich, um die mageren Einkünfte aufzubessern — auch als Porzellanhausmaler. Daß er es zeitlebens zu keinem Wohlstand gebracht hat, verraten die Hinweise aus dem Amtsprotokoll, denen zufolge Aufenwerth kleinen Betrügereien nicht abgeneigt schien und unter anderem »unprobmässiges Silber« lieferte. Er scheint also an allen Ecken und Enden gespart zu haben.

Seine Malerei verrät so gut wie keine künstlerische Begabung. Die plumpen Chinesenfiguren, Tiere und Pflanzen sind dilettantische Wiedergaben von Stichen des Martin Engelbrecht und vermutlich von Peter Schenk und Paul Decker. Das Rahmenwerk auf den Tellerrändern wirkt eintönig und für die es einschließende Darstellung zu schwer und erdrückend.

Signiert hat Aufenwerth mit den Buchstaben IAW, seine Arbeiten sind zwischen 1715 und 1720 entstanden.

Seine beiden Töchter Anna Elisabeth, verheiratete Wald, und Sabina, verheiratete Hosennestel, lernten das Malen von ihrem Vater. Während Anna Elisabeth als Frau des Nürnberger Goldschmieds Jakob Wald die Porzellanmalerei ausführlich betreibt, dürfte Sabina, die in die sehr wohlhabende Familie Hosennestel eingeheiratet hatte, wohl mehr aus Laune denn aus wirtschaftlicher Notwendigkeit die Hausmalerei weiterbetrieben haben, zumindest nach ihrer Verheiratung im Jahr 1731, drei Jahre nach dem Tode ihres Vaters.

Von ganz anderem Format als Aufenwerth erweisen sich die Brüder Abraham und Bartholomäus Seuter. In seinem Reisebericht erwähnt Johann Keyssler, der am 1. Juni 1729 Augsburg besucht, unter anderem auch Bartholomäus Seuter: »Der Meister ist jetzt in Wien, um

Schale *aus Meißner Porzellan. Bemalung mit Chinoiserien und Rankenwerk in Gold von Bartholomäus Seuter, Augsburg. 1722/1723*

daselbst einen Spiegel, einen Tisch und zween Gueridons solcher Arbeiten vor 20 000 Thaler zu verhandeln. Seuter verkauft die schönsten Porcellan-Werke, deren er viele noch ganz weiß von Dresden kommen lassen, und durch nette Gemählde und Email noch viel kostbarer gemacht hat. Er besitzt auch über hundert gemahlte irdene Schüsseln von Francesco Duranei, der um die Mitte des sechzehnden Seculi gelebet hat ...«

Bartholomäus Seuters Interesse an keramischen Produkten — von Haus aus war er Goldschmied und Goldarbeiter — rührt also nicht erst vom Porzellan her, er muß sich schon vor der Porzellanerzeugung in Meißen mit der Bemalung und dem Verkauf von Fayencen beschäftigt haben.

Warum er sich erst 1726 das Privileg erteilen läßt, Gold und Silber

Teekännchen *mit montiertem Deckel aus Meißner Porzellan. Henkel und Ausguß vergoldet. Chinesenszenen und Laub- und Bandelwerk in Goldmalerei. Augsburger Hausmalerarbeit von Bartholomäus Seuter. 1722/1723*

auf das feine Porzellan-Geschirr zu schmelzen, ist nicht geklärt. Er war zu diesem Zeitpunkt achtundvierzig Jahre alt und seit 1708 mit der Tochter des reichen Seidenfärbers Dietrich zur Helle verheiratet. 1721 starb sein Schwiegervater, und von da an dürfte er sich wohl mehr der einträglicheren Seidenfärberei gewidmet haben, als der Hausmalerei.

Neben den Augsburgern haben sich zahlreiche andere Hausmaler des Meißner Scherbens — vorwiegend Ausschuß oder unmodern gewordene Ware — bedient.

In Pressnitz, auf der böhmischen Seite des Erzgebirges, etwa 20 Kilometer südöstlich von Annaberg gelegen, wirken von 1742 bis ca. 1780 Vater und Sohn Mayer. F. Mayer, der Vater, soll von 1742 bis vor 1751 Porzellan bemalt haben. Sein Stil wird als handwerksmäßig, die Farbenpalette als dürftig bezeichnet, vorwiegend Eisenrot und zwei

Teller *mit Dulong-Reliefzierrat aus Meißner Porzellan. Hausmalerei: Saturnus und eine sitzende Frauengestalt mit Buch, in den Kartuschen des Randes kleine Flußlandschaften. Um 1750*

Grün. Zahlreiche von ihm verwendete Porzellane sind mit sehr feinen Calligraphenschnörkeln in Gold verziert.

Dem Sohn, Franz Ferdinand Mayer, stehen wesentlich mehr Farben zu Verfügung. Neben goldverzierten Porzellanen bemalt er auch unvergoldete. Während über den Vater nichts bekannt ist, wissen wir von Franz Ferdinand, daß er 1752 heiratet, sich Kunst-Mahler nennt und 1776 sein Haus durch Blitzschlag und Brand verliert. Ob er es ist, der 1794 als »guter Maler zu Pressnitz in Böhmen« erwähnt wird, sei dahingestellt. Der auf Seite 102 abgebildete Teller mit Flußprospekt und schachspielender Gesellschaft im Vordergrund gehört zur Serie der sogenannten »Wasserburg«-Teller. Zwei identische Stücke mit verschiedenen Ansichten von Fluß- und Küstenlandschaften und figürlicher Staffage wurden im Oktober 1974 bei Neumeister in München versteigert. Der zweite, auf Seite 103 abgebildete Teller mit einer Kaffeegesellschaft ist mit bunten Farben bemalt. Auffallend sind die in den Tellerspiegel hineinragenden Schnörkel, von denen besonders die von links und rechts die beiden äußeren Personen am Kaffeetisch bedrängen. Diese Verzierungen müssen demnach schon vorhanden gewesen sein, bevor die figürliche Darstellung, vermutlich nach einer Stichvorlage, in den Tellerspiegel gemalt wurde.

In »Europäisches Porzellan« von Siegfried Ducret ist auf Seite 289 eine Kaffeekanne in Farbe abgebildet, die Franz Ferdinand Mayer bunt bemalt hat. Das Porzellanstück stammt aus der Zeit um 1745, die Malerei dürfte mit Sicherheit sehr viel später entstanden sein.

Als interessantes Beispiel einer Hausmaler-Arbeit ist die Deckeldose auf Seite 104 anzusehen. Gustav E. Pazaurek hat sie in »Deutsche Fayence- und Porzellan-Hausmaler« abgebildet. Im November 1927 wurde sie bei Lepke in Berlin versteigert und als »Hausmalerarbeit aus dem Kreis von Mayer-Preßnitz« bezeichnet. Die Goldchinoiserien scheinen allerdings mit großer Wahrscheinlichkeit in Augsburg gemalt worden zu sein. Die Darstellung auf der Rückseite der Dose ist einem Blatt aus der Sechserfolge »Habitus et mores Sinesium« von Martin Engelbrecht aus Augsburg entnommen, nämlich dem Blatt »Sinesischer Stands-Personen mode aufs Land zu spatzieren«[44]. Bartholomäus Seuter hat diese Vorlage benutzt, es wurde aber auch in Bayreuth und Wien danach gemalt. Die beiden Chinesenpaare unter einer Palme auf beiden Seiten des Dosendeckels kehren in Silber wieder auf einem Apothekertopf, der in Meißen um 1728 bemalt wurde. Da zwischen den Manufaktur-Chinesen und den Augsburger Chinesen ein enger Zusammenhang besteht, könnte diese Vorlage ursprünglich aus Augsburg stammen und von einem Meißner Maler übernommen worden sein.

Eine Vorlage für die Bemalung der Vorderseite der Dose, die eine Duellszene darstellt, konnte bis jetzt nicht lokalisiert werden. Es läßt sich vermuten, daß auch sie aus der erwähnten Sechserfolge von Engelbrecht stammt. Die Innenseite des Deckels zeigt ein in bunten Farben gemaltes Kommödiantenpaar in Landschaft. Abraham Seuter hat ähnliche Kommödiantenszenen nach Watteau gemalt.

Dieselbe Szene trägt eine Tasse von schlanker Becherform[45]. Zwischen reliefierten, ganz vergoldeten Blattzweigen eine »sitzende Dame, einem Harlekin die Tabatière anbietend«. Auf der Innenseite der Tasse am Rand reiche, in Gold gemalte Bordüre aus Laub- und Bandelwerk. Die figürliche Szene ist im Versteigerungskatalog als Arbeit eines Hausmalers bezeichnet.

Interessant ist ein Vergleich der goldenen Randornamente. Das Muster ist ein anderes als auf den »Wasserburg«-Tellern, die Franz

Teller *aus Meißner Porzellan. Hausmalerdekor von Franz Ferdinand Mayer, Pressnitz: in vielpassigem Feld Flußprospekt mit figürlicher Staffage vor einem Felsenberg. Rand mit Goldspitzenborte. Um 1760*

Ferdinand Mayer bemalt hat, aber die Ausführung ist ebenso üppig, minuziös und sauber und verrät zweifellos dieselbe Hand.

Zum drittenmal begegnet uns diese Szene auf der Unterschale einer Kaffeetasse aus geripptem Porzellan, die aus der Sammlung Feist in Berlin stammt und 1937, gemeinsam mit anderen Kunstwerken aus dem Besitz der staatlichen Museen in Berlin, bei Julius Böhler in München versteigert wurde. Die Katalogbeschreibung verrät das Stichvorbild. Es ist »Der Geruch« aus der Folge der fünf Sinne von G. B. Göz aus Augsburg. Die Kalligraphen-Bordüre aus Gold stammt wiederum von demselben Maler, der die oben mehrfach erwähnten Umrandungen ausgeführt hat. Gemäß Katalogbeschreibung ist das Stück um 1765 entstanden, weist die Schwertermarke auf und wird als »Hausmalerei in der Art des Franz Mayer, Pressnitz in Böhmen« bezeichnet.

Fassen wir die gesicherten Erkenntnisse zusammen, ergibt sich folgendes Bild: Alle drei Stücke sind außerhalb der Manufaktur bemalt worden; die Vorlagen für die Chinoiserien auf der Dose wie für die »Schnupftabakszene« auf allen drei Stücken stammen aus Augsburg,

Teller *aus Meißner Porzellan. Hausmalerdekor von Franz Ferdinand Mayer, Pressnitz: Kaffeegesellschaft, zwei Damen und drei pfeifenrauchende Herren, auf dem Rand vier Blumensträuße, alles in bunt. Auf der Tellerkebe Blatt- und Bandwerk in Gold. Um 1760*

die goldenen Kalligraphen-Schnörkel auf beiden Tassen und Untertasse rühren von derselben Hand her, die auch Teller aus der Gruppe Mayer-Pressnitz verziert hat. Diese feine Art von Randbordüren kommt auf in Augsburg bemaltem Meißner Porzellan nicht vor. Daß sie auf der Dose fehlen, weist nicht zwingend darauf hin, daß wir es hier mit einer Augsburger Arbeit zu tun haben.

Szenen aus der Folge von Göz scheinen häufig benützt worden zu sein, denn die Beispiele häufen sich. In diesem Zusammenhang sei auf das reich bebilderte Kapitel »Die Hausmaler« bei Michael Newman[46] und »Keramik und Graphik« von Paul Ducret verwiesen, der weitere interessante Abbildungen bringt. Zwei Fotos von Arbeiten aus dem Kreis Mayer-Pressnitz enthält der Katalog der Versteigerung bei Neumeister im Oktober 1977.

Ein Vergleich der abgebildeten Beispiele läßt vermuten, daß hier nicht ein Maler am Werk war, sondern daß es sich um eine Werkstatt oder eine Gruppe von Künstlern gehandelt haben muß, die in oder bei

Deckeldose *in Bronzefassung von rechteckiger Form. Innen im Deckel bunt gemalte »Schnupftabakszene« nach Göz, außen Goldchinoiserien. Vermutlich Augsburger Hausmalerarbeit*

Pressnitz wohnten. Vermutlich haben sie auch Glas bemalt, wie es damals in Böhmen üblich war.

Von Ignaz Preussler, der von 1729 bis 1739 für Karl von Kolowrat in Kronstadt in Böhmen tätig ist, wissen wir mit Sicherheit, daß er Porzellan und Glas bemalt hat. Typisch für seinen Malstil ist das Laub- und Bandelwerk in gold- und purpurgehöhter Schwarzlotmalerei. Er bevorzugt mythologische Jagd- und Kriegsszenen, Landschaften mit Städten und Schiffen.

Ignaz Bottengruber in Breslau bemalt neben chinesischem und Wiener auch Meißner Porzellan. Aus seiner Werkstatt kommen ganze Service mit Jagd- und Kriegsszenen, Bacchanalien und Putten, biblischen und mythologischen Darstellungen, die er in ein üppiges buntes Ranken- und Bandwerk komponiert. Seine Vorliebe für dralle nackte Gestalten ist unverkennbar. Die Farben sind Schwarz, Eisenrot und Purpur-Camaieu, kombiniert mit bunter Malerei. In der Folge hat er ausschließlich Wiener Porzellan bemalt.

Zuckerdose *mit Deckel aus Meißner Porzellan mit Breslauer Hausmalerdekor in der Art Bottengrubers*

Von den Arbeiten Bottengrubers kaum zu unterscheiden sind die Hausmalereien seiner Schüler Carl Ferdinand von Wolfsburg und Hans Gottlieb Bressler.

Bottengruber und ein anderer Hausmaler, F. J. Ferner, sollen sich vorübergehend in Pressnitz bei Mayer aufgehalten und dort auch gemalt haben. Von Ferner weiß man nur, daß von ihm zwischen 1747 und 1766 signierte Porzellane bekannt sind.

Kumme mit Untersatz *aus Böttger-Porzellan. Hafenszene in Schwarzlot, mit Gold gehöht. Auf Untersetzer Galeonen vor einem dem Turm von Pisa ähnlichen Gebäude. Hausmalerarbeit von Ignaz Preissler. 1720 bis 1725*

Um 1740 malt Johann Friedrich Metzsch in Bayreuth Chinoiserien im Stil Höroldts auf Meißner Porzellan, daneben auch nach Augsburger Stichen Landschaften in Purpur-Camaieu mit bunter Umrahmung. Zu seinem Kreis gehören der Hofmaler Johann Christoph Jucht von der Bayreuther Fayencemanufaktur und Johann Philipp Dannhöfer aus Wien.

Meißner und Fürstenberger Porzellan, auch Glas, hat der Kanonikus

Kumme und Untersatz *aus Böttger-Porzellan. Hausmalerdekor von Ignaz Preissler in Schwarzlot und Gold: Hafenszenen mit figürlicher Staffage. 1720 bis 1725*

Große Platte *mit Hausmalerdekor von Ignaz Bottengruber, Breslau: Darstellung der Allegorie des Winters, umgeben von Ranken- und Blattwerk. Um 1728*

August Otto Ernst von dem Busch in Hildesheim dekoriert und als Geschenke weitergegeben. Signierte Stücke sind von 1748 bis 1775 entstanden. Da er auch als Kupferstecher tätig ist, überträgt er das Verfahren des Bearbeitens der Kupferplatte auf Porzellan und Glas, ritzt mit dem Diamanten das Motiv in die Oberfläche des Gegenstandes und schwärzt die Ritzen mit Ruß oder Tusche.

Die plastische Porzellankunst

Bis zum Ende der zwanziger Jahre stützt man sich in Meißen auf ostasiatische Musterstücke und europäische Formen, die Johann Jacob Irminger für das Böttgerporzellan geschaffen hat. Um 1725 soll der Meißner Bildhauer Gottfried Müller im Verein mit anderen Gestaltern Vorlagen für Gefäße angefertigt haben, um Abwechslung in das Angebot zu bringen. Man ist sich darüber im klaren, daß man Neuland betreten muß, steht jedoch dank der konkurrenzlosen Situation nicht unter unmittelbarem Erfolgszwang. Schließlich lassen sich die bewährten alten Formen nach wie vor gut verkaufen. Vielleicht wäre die Entwicklung der Manufaktur auf künstlerischem Gebiet anders, zumindest aber langsamer verlaufen, hätte nicht der König mit seinen Plänen für die Ausgestaltung des Japanischen Palais von seiner Manufaktur Spitzenleistungen verlangt.

Jedenfalls macht sich das Fehlen einer starken gestalterischen Kraft bemerkbar. Dafür sprechen schon Höroldts Bemühungen, nach eigenen Zeichnungen neue und für den malerischen Dekor optimal geeignete Gefäßformen anfertigen zu lassen, was jedoch aus technischen Gründen scheitert.

Die möglicherweise gehegte Erwartung, aus der Manufaktur selbst könne eine schöpferische Persönlichkeit hervorgehen, erfüllt sich nicht. Zwar weiß man die Leistungen auf dem Gebiet der figürlichen Plastik des Formers Georg Fritzsche, der seit 1712 bei der Manufaktur ist, zu schätzen, erkennt aber auch die Grenzen, die seinem kreativen Schaffen gezogen sind. Immerhin ist er einer der ersten, die für die Manufaktur neue Porzellanformen entwickeln, und zwischen 1719 und 1728 soll er »neue Façons Geschirre« ausgeführt haben. Fritzsche mag ein guter Handwerker gewesen sein, eigenes Talent von künstlerischem Rang wird ihm allerdings nicht nachgesagt.

Hofmann erkennt die Callot-Figur »Monsieur Piperouk« als eine Arbeit Fritzsches an, versieht jedoch die Zuschreibung der drei Chinesenfiguren aus der Zeit zwischen 1724 und 1730 im Münchner Residenzmuseum an Fritzsche mit einem Fragezeichen. Eine Deckeldose in Form einer Schildkröte, ein Musikant in Bergmannstracht und die vier Trägerfiguren des Sockels eines Kaffeefäßchens, alle um 1730 entstanden, könnten nach Ansicht von Hugo Morley-Fletcher von Fritzsche stammen.

Im Katalog der Versteigerungen bei Christie's in London vom 28. März 1977 wird die nebenstehend abgebildete Gruppe eines sitzenden Chinesen mit Vogel als *»traditionally modelled by Georg Fritzsche«* bezeichnet und hinzugefügt, daß diese Gruppe — neben anderen Chinesen-Gruppen — bisher stets als Arbeiten Fritzsches angesehen und in die Zeit zwischen 1728 und 1729 eingeordnet wurden. Dafür gäbe es jedoch keine Beweise, so daß Anlaß bestehe, die Jahre 1734/1735 als Entstehungszeit anzunehmen, eine Periode also, die bereits durch das Wirken Johann Joachim Kaendlers geprägt ist. Diese Korrektur scheint gerechtfertigt; denn vergleicht man die erwähnte Gruppe mit »Monsieur Piperouk«, den drei stehenden Chinesen im Residenzmuseum und einen bei Walcha auf Seite 465 abgebildeten sitzenden Chinesen, werden die stilistischen Unterschiede deutlich. Letztere sind derb und fast unpersönlich modelliert. Demgegenüber wirkt die Gruppe des Chinesen mit dem Vogel trotz des Spannungsverhältnisses zwischen dem in anmutiger Bewegung erstarrten Chinesen und dem mißtrauisch verharrenden Vogel geradezu elegant.

Daß es bis 1727 dauert, bis die Manufakturkommission schließlich einen geeigneten Modellierer gefunden zu haben glaubt, hängt zum einen damit zusammen, daß bis um 1725 der Ausbau der Residenz nahezu alle bildhauerisch begabten Kräfte des Landes an diese Aufgabe bindet, zum anderen wohl auch mit dem den Kommissionsmitgliedern bekannten Problem der Umstellung auf das neuartige Material und kleinere Formen. Die Wahl fällt auf Johann Gottlob Kirchner. Er ist der erste Bildhauer, der als Modellierer in Meißen angestellt wird. Am 29. April 1727 tritt er in die Dienste der Manufaktur. Es erweist sich bald, daß von dem Einundzwanzigjährigen zuviel erwartet wird. Von ihm wird nicht nur verlangt, daß er »aller hand porcelain figuren zu inventiren und mit neuen zierrathen zu versehen« habe, was allein schon aus den oben erwähnten Gründen der Umstellung für einen Bildhauer nicht einfach ist, sondern man überträgt ihm darüber hinaus Aufsichtsfunktionen über die Former, Dreher und Bossierer, wie auch die Aufgabe der Heranbildung von Nachwuchskräften. Daß er in der Dreherstube keinen leichten Stand hat, liegt auf der Hand. Die hier seit Jahren tätigen Kräfte sind ihm, was das Handwerkliche und die Vertrautheit im Umgang mit dem Werkstoff Porzellan angeht, überlegen, neiden ihm vielleicht seine Position und die damit zusammenhängende bessere Entlohnung, und der eine oder andere mag auch mit der Erwartung spekuliert haben, selbst zum Modelleur aufsteigen zu können. Diese schwierigen Umstände und das Ausbleiben von Erfolgen entmutigen Kirchner. Er resigniert, verlottert, erkrankt schwer und wird am 15. März 1728 entlassen, zumal die Kommission wenige Wochen vorher einen Ersatz für ihn bestimmt hat.

Dennoch ist Kirchners Arbeit für die Manufaktur und die Ausstattung des Japanischen Palais nicht ohne Bedeutung. Von ihm stammen vier große Groteskvasen, von denen Walcha unter Nummer 74 und auf Seite 466 zwei abbildet. Diese Beispiele zeigen, wie sehr die künstlerische Gestaltung vor Kirchners Einstellung vernachlässigt worden ist, und machen deutlich, daß es ohne einen kreativen Gestalter nicht mehr geht.

Kirchners Nachfolger wird Johann Christoph Lücke, der aus einer Dresdner Elfenbeinschnitzerfamilie stammt. Am 27. April 1728 wird

Callot-Figur, *weiß glasiert. Modelliert nach einer Vorlage von Veith Schöberl, geboren in Gumpendriel. Um 1720*

er auf Veranlassung des Königs als Modellmeister eingestellt. Aber schon ein halbes Jahr später endet Lückes Gastspiel. Er scheitert an seiner Unfähigkeit, die versprochenen Leistungen erbringen zu können. Immerhin sind im Werksarchiv 48 Positionen angeführt, die Lücke in dieser kurzen Zeit ausgeführt hat. Als Lücke Anfang des Jahres 1729 seinen »ehrlichen Abschied« nimmt, ist man in der Manufaktur zumindest um eine Erfahrung reicher: daß man Kirchners künstlerisch-gestalterische Fähigkeiten verkannt und ihn voreilig fortgeschickt hat.

Kirchner ist inzwischen in Weimar seßhaft geworden, hat dort geheiratet und übt seinen erlernten Beruf als Steinbildhauer aus. Er arbeitet für den Herzog von Weimar an der Ausstattung des Schlosses Belvedere. Der Herzog muß mit Kirchners Reliefbildnissen sehr zufrieden gewesen sein, denn das Ansinnen der Manufaktur an den Herzog, Kirchner aus seinen Diensten scheiden und nach Meißen zurückkehren zu lassen, kommt ihm ungelegen. Kirchner entschließt sich, aus welchen Gründen auch immer — schließlich hat man ihn davongejagt —, dem Ruf an die Manufaktur zu folgen. Er übersiedelt mit seiner Familie nach Meißen.

Hier entstehen unter anderem das berühmte Rhinozeros nach der Dürer-Zeichnung von 1515, die Monumentalplastiken eines Bären und eines Elefanten[47], Heiligenfiguren, Uhrgehäuse sowie Modelle von Henkeln, Griffen und Füßen und andere plastische Dekors für Geschirrteile. Kirchners Schaffen für die Manufaktur bis zu seinem endgültigen Ausscheiden im März 1733 ist in den letzten beiden Jahren geprägt von der Zusammenarbeit und Auseinandersetzung mit Johann Joachim Kaendler in der Verwirklichung der ehrgeizigen monumentalen Pläne des Königs für die größte Porzellansammlung der Welt.

Die Anregung dazu erhielt August der Starke aus Paris, wo Ludwig der XIV. 1670 bis 1672 im Park von Versailles das Schlößchen Trianon de Porcellain hatte errichten lassen. Das Beispiel machte Schule. Andere europäische Fürsten, weltliche wie geistliche, eiferten dem Beispiel des Franzosen nach, begnügten sich allerdings mit Porzellankabinetten, zum Beispiel in der Residenz in Bamberg und München, im Schloß Charlottenburg, im Schloß Pommersfelden des Würzburger Fürstbischofs Lothar Franz von Schönborn, im Palais Dubsky in Brünn, im chinesischen Kabinett im Schloß Schönbrunn. Mit einem

Kabinett wollte sich August der Starke für seine viele tausend Stücke umfassende Sammlung chinesischen und japanischen Porzellans nicht begnügen, zumal er diese, da er über eine eigene Manufaktur verfügte, durch Beispiele aus heimischer Produktion zu ergänzen beabsichtigte. Das Projekt sollte zwar in erster Linie der Prunkentfaltung dienen, aber die Leistungen seiner Manufaktur hätten auf keine andere Weise eindrucksvoller gewürdigt und zur Schau gestellt werden können, ganz abgesehen davon, daß der Manufaktur auf künstlerischem Gebiet Höchstleistungen abverlangt wurden, die nicht zuletzt ihren einmaligen Ruf begründen halfen.

Das Trianon de Porcellain mußte 1686 dem Grand Trianon weichen, dem sächsischen König dient es jedoch als Vorbild. 1716 erwirbt er vom Grafen Fleming das Holländische Palais als würdigen Rahmen für seine Sammlung und mit der Absicht, es umgestalten und erweitern zu lassen. Die Pläne für die Innenausstattung entwirft der Architekt Zacharias Longuelune. Eine Handzeichnung aus dem Jahr 1719 zeigt, wie der Büfettsalon des Holländischen Palais eingerichtet werden sollte. Die ausgestellten Porzellangegenstände, von mannshohen Prunkvasen und Leuchtern bis zu handlicheren Stücken, bedecken die Wände bis fast an die Decke. Ausführlich beschreibt Johann Georg Keyßler die Pläne in seinem Reisetagebuch[48]: »Die Zimmer des ersten Stockwerkes werden mit lauter chinesischem und japanischem Porzellan gezieret sein. In die Zimmer des zweiten Stockwerkes kommt kein anderes als meißnisches Porzellan, und bestehet das erste Zimmer in einer Galerie mit allerhand auch wohl einheimischen als ausländischen Vögeln und Tieren von purem Porzellan, in ihrer natürlichen Größe und ihren natürlichen Farben. An denjenigen Stücken, welche schon fertig sind, kann man die Kunst und die Schönheit nicht genug bewundern. Damit aber die Abdrücke der Tiere jederzeit rar und kostbar bleiben mögen, sollen die Formen derselben zerschlagen werden. Das zweite Zimmer soll mit vielerlei Arten Porzellan von Seladon-Farbe und Gold besetzet, die Wände aber mit Spiegeln und anderen Zieraten versehen werden. Das dritte Zimmer wird mit Porzellan von hochgelber Farbe mit Golde meublieret werden. Das vierte ist ein Saal, worinnen dunkelblaues mit Golde verziertes Porzellan Parade machen wird. Das fünfte Zimmer soll Porzellan von Purpurfarben mit Golde haben.«

Gruppe mit bärtigem Chinesen *und Riesenvogel. Die ursprüngliche Annahme, daß es sich um eine Arbeit von Georg Fritzsche um 1728/1729 handeln könnte, bedarf der Richtigstellung. Vermutlich 1734/1735*

Die Bauarbeiten scheinen sich jedoch hinauszuzögern. 1727 beherbergt ein riesiges Turmzimmer im Dresdner Residenzschloß große Teile der Porzellansammlung. Erst 1730 werden die Arbeiten zielstrebiger vorangetrieben, zu einer Vollendung kommt es jedoch nicht. August der Starke stirbt am 1. Februar 1733 in Warschau. Sein Sohn und Nachfolger, Kurfürst Friedrich August III., hat nicht dasselbe große Interesse daran.

Die Räume im zweiten Stock sollen also, wie aus Keyßlers Notizen hervorgeht, mit meißnischem Porzellan dekoriert werden. Wohl im Zusammenhang damit erhält 1729 die Manufaktur vom König den Auftrag zur Herstellung von 200 Schüsseln auf »japanische Façon«, 50 Vogelbauer nach »japanischer Zeichnung und Mahlerey«, 100 »dunkelblaue Schüsseln mit weißen Feldern und darein gemahlten blauen Bluhmen und Landschaften«, 50 Dutzend »dergleichen Tassen und Schaalen Item dergleichen Thée Pots, Mittelaufsätze und Bouteillen«, 20 Vogelbauer »von blau und goldenen Porcelain«, 200 Schüsseln »von weiß und blau ordinairen Porcelain«, 60 Asietten »von alten Indianischen Porcelain«, 16 Garniduren an Aufsätzen und Bouteillen »von dergleichen Porcelain« und 20 Dutzend Thée-Tassen und Schaalen »von dergleichen Porcelain«.

Als Muster dienen Geschirre aus der Sammlung des Königs. Dieser Auftrag fällt in eine Zeit, in der die Manufaktur über keinen Modellmeister verfügt, und vielleicht hat man sich deshalb um eine Rückkehr Kirchners bemüht. Dennoch scheint das Vertrauen des Königs in die Leistungsfähigkeit Kirchners nicht allzu groß gewesen zu sein, jedenfalls traut er es seinem Modellmeister nicht zu, die gestellte Aufgabe allein zu meistern, und die überragenden Erfolge der Manufaktur auf künstlerischem Gebiet, die sich schon bald einstellen, beweisen, daß August der Starke eine glückliche Hand hatte, als er Johann Joachim Kaendler nach Meißen holt.

Das Werk Kaendlers

Bei dem Dresdner Hofbildhauer Benjamin Thomae hatte der 1706 geborene Pfarrersohn gelernt. Durch die Ausführung eines Auftrags für das Grüne Gewölbe war er dem König angenehm aufgefallen, der ihn auch mit dem Titel eines sächsischen Hofbildhauers beehrte. Und als August der Starke 1731 der Kommissionswirtschaft an der Manufaktur ein Ende bereitet und selbst die Oberleitung übernimmt, beruft er den bewährten jungen Bildhauer als Vorsteher bei der Gestaltung nach Meißen.

Am 22. Juni 1731 nimmt Kaendler seine Tätigkeit für die Manufaktur auf, gleichrangig neben Kirchner und von diesem räumlich getrennt arbeitend. Anpassungsschwierigkeiten wie Kirchner, an denen dieser letztlich zum zweitenmal scheitern sollte, hat Kaendler nie gehabt. Anders als Höroldt lernen wir Kaendler als einen Mann kennen, der es von Anfang an versteht, mit seinen Mitarbeitern gut auszukommen und, was noch wichtiger ist, zu den ihm vorgesetzten

Kommissionsmitgliedern ein gutes Verhältnis zu pflegen. Dies scheint ihm leichter zu fallen als seinen Vorgängern Kirchner und Lücke, da ihm die neuen Aufgaben offensichtlich gar keine Schwierigkeiten bereiten, er von seinen Fähigkeiten voll überzeugt ist und schon seine ersten Modelle Beifall finden. Hier in der Manufaktur hat er einen Wirkungskreis gefunden, der es ihm erlaubt, sein gestalterisches Talent voll auszuleben. Er erkennt die Gelegenheit, die ihm in der Manufaktur geboten wird, Werke zu schaffen, die dazu bestimmt sind, im repräsentativen Rahmen zur Ehre des Königs und der Manufaktur ausgestellt zu werden als in Europa einzig dastehende Dokumente deutscher Porzellankunst. Jeder der für die königliche Sammlung vorgesehenen Gegenstände muß ihm wie ein Teil eines monumentalen Ganzen vorgekommen sein, und er mag darin, wie auch in seinen Großplastiken, die eigentliche Erfüllung seines künstlerischen Strebens gesehen haben. Lücke und Kirchner mögen mit Beklemmung die Aufträge des Königs erwartet haben, die wie eine Flut von Anforderungen über sie hereinbrachen, Kaendler dagegen, der vor der Arbeit mit dem auch für ihn neuartigen Material keine Angst hatte, muß sie als Herausforderung an sein Können gesehen haben. Vielleicht erklärt dies den Eifer und Schaffensdrang, die sein Wirken von Anfang an kennzeichnen.

Schon bald nach Kaendlers Eintritt erteilt der König der Manufaktur einen weiteren Großauftrag und weist Kirchner an, daß er diesen zusammen mit Kaendler auszuführen habe.

Specificatio, was in dem kgl. holl. Pallais zu der neuen forderen Gallerie in der Oberen Etage von Porcellain erfordert wird, als:

zu denen 4 Stück breiten Camin Schäfften:

4 Roth laquirte Aufsätze jeder von 5 Stücken
24 Stück einzelne große Vasen, differ. Façon
40 Stück allerhand Thiere differenter Größe
40 Stück allerhand Vögel differenter Größe
8 Stück große Terrinen.

Zu denen 4 Trumous

40 Stück allerhand groß und kleine Thiere

24 Stück große Vasen, differenter Façon
8 Stück große Terrinen mit Deckel
40 Stück allerhand groß und kleine Vögel

Zu vierzehn Stück schmalen Schäfften

84 Stück allerhand groß und kleine Vögel
56 Stück allerhand Thiere, differenter Größe
28 Stück große Terrinen mit Deckel
98 Stück große Vasen, differenter Façon
16 Stück allerhand Thiere über die Fenster
32 Stück große Vasen dergleichen

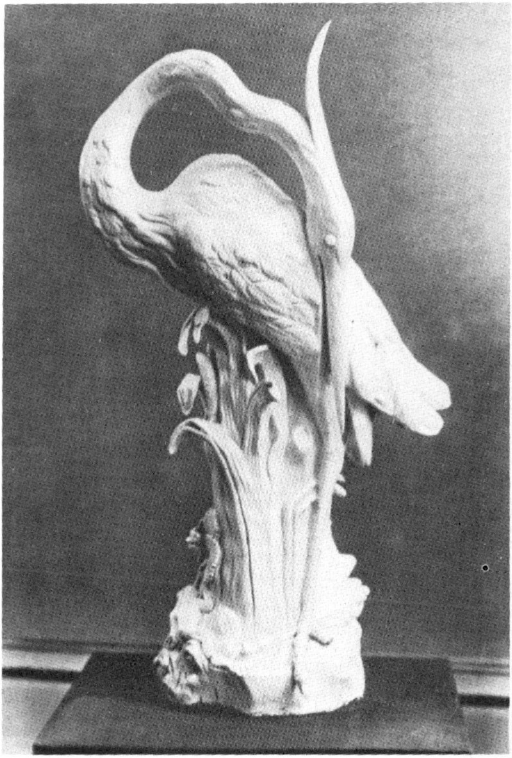

Reiher. *Glasiertes Porzellan ohne Marken. Kaendler-Modell um 1732. Kaendler hat zahlreiche ähnliche Vogelplastiken für das Japanische Palais Augusts des Starken geschaffen*

Zwischen die Bogen-Fenster

22 Stück einzelne Vasen, different
22 Stück allerhand Thiere differenter Größe
22 Stück allerhand Vögel differ. Größe

Auf die zwey schmalen Seiten-Wände

40 Stück allerhand Thiere
12 Stück große differente Vögel
20 Stück detto kleinere
2 Aufsetze über die Thüren, jeder von 5 Stücken
36 große Vasen differenter Façon
30 Stück kleine detto
4 Stück große Terrinen mit Deckel

An Schüsseln

170 Stück Schüsseln 2 Zoll tief 11 Zoll in diam oben zur Corniche

Summa derer von jeder Sorte betragenden Stücken

30 Aufsatz Stücken von 6 Garniduren
266 einzelne Vasen differenter Façon
198 Stück allerhand groß und kleine Thiere
198 Stück allerhand groß und kleine Vögel
48 Stück Terrinen mit Deckel
170 Stück Schüsseln
910 Stück

Neustadt bey Dreßden
den 25. Febr. 1732.

Die Aufgabe, großformatige Porzellanplastiken anzufertigen, entspricht ganz und gar Kaendlers Vorstellungen von künstlerischem Schaffen. Die Befriedigung, die er bei seiner Arbeit an den Großplastiken findet, wirkt sich befruchtend auch auf jene Tätigkeiten aus, in denen er sich als Künstler weniger bestätigt sieht. In seinem Streben nach künstlerischer Vollendung übersieht er allerdings, daß Porzellan für Großplastiken nicht der ideale Werkstoff ist, sowohl von seinem Charakter her als auch aus technischen Gründen. Das erweist sich am Mißlingen so manchen Brandes, bei dem das Gut völlig zerstört oder

Johann Joachim Kaendler. Bildnis-Silhouette

rissig wird. Dennoch ist er fest davon überzeugt, es könne »alles von Porcellain gemacht und geschafft werden, was man nur begehret; ist's zu groß, macht man's von zwei Stücken; welches aber Niemand sowohl einsehen kann, als der die Modelle machet, wodurch man alles, was unmöglich scheinet, nach seiner Art und Weise erzwingen kann, welches ich aufrichtig und mit Wahrheit melde«.

Wollte man darin eine falsche Beurteilung der Tatsachen sehen, dann beträfe diese höchstens die vorher erwähnte Verkennung oder Überschätzung des Materials, nicht aber seiner eigenen Fähigkeiten.

Unter der »allerhand Thieren und Vögel differenter Größe« dürften unter anderem die Tier-Großplastiken zu verstehen sein, zum Beispiel der bei Walcha abgebildete große Paduaer Hahn[49], der als einer der schönsten Großvögel bezeichnet wird und eine Höhe von 72 cm erreicht. Er ist im Jahr 1732 entstanden.

Besonders bei den Vögeln offenbart Kaendler eine von anderen nicht mehr erreichte Meisterschaft, zu der ihn neben seinem Einfühlungsvermögen nicht zuletzt die eingehenden Naturstudien befähigen. Er hatte sich zu diesem Zweck nach Dresden begeben, »um unterschiedliche Thiere und Vögel theils nach dem Leben, wie auch nach denen ausgestopften ins Kleine zu poussieren«. Handelte es sich um exotische oder ausgefallene Tierarten, wie den Elefanten und das Rhinozeros von Kirchner, den beiden größten Stücken, dann wußte man sich mit Zeichnungen und Stichen zu behelfen.

Alle Tierplastiken Meißens zeichnen sich aus durch ihre lebensprühende Auffassung und — soweit das Material dies zuließ — eine naturgetreue Modellierung und gelten auf dem Gebiet der Tierfiguren als die besten Leistungen.

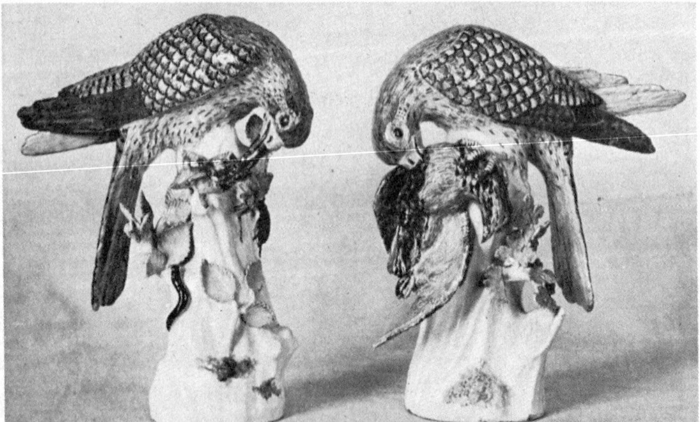

Zwei große Sperber, *Gegenstücke. Der eine zerreißt eine Maus, der andere einen Vogel. Bräunliches Gefieder. Modelle von Kaendler. Höhe 29 und 28 cm. Um 1750*

Mit der Aufstellung des Porzellanglockenspiels im Jahre 1736 finden die Arbeiten für das Japanische Palais einen Abschluß. Dennoch ergreift Kaendler jede sich ihm nur bietende Gelegenheit, um auf dem Gebiet der Großplastik weitere Werke zu schaffen. Wenn in der Manufaktur keine Aufträge dieser Art vorliegen, nimmt er Aufträge zur Gestaltung von Grabdenkmälern aus Holz und Stein an.

Das plastische Werk Meißens, von Kaendler zu höchster künstlerischer Vollendung gebracht, zeigt uns ein — wenn auch einseitiges — Sittenbild des Rokoko in seinen sächsisch-höfischen Ausprägungen. Der umfassende Themenkreis nimmt das Leben von der angenehmen Seite, und Anregungen gibt es in Hülle und Fülle. »Der sächsische Hof ist der glänzendste Europas; man findet an ihm Größe, Pracht und Vergnügen« schreibt Freiherr von Pöllnitz, der es wissen muß; denn er ist weit herumgekommen in den europäischen Landen[50].

In jener Zeit gelten prunkvolle Hofhaltung mit glanzvollen Festen und angenehmen Zerstreuungen als etwas Großes und Erhabenes, und unter einer so dynamischen Persönlichkeit wie August der Starke, Kurfürst von Sachsen, König von Polen sie verkörpert, kann sie sich voll entfalten. Er ist ein Mann von höfischer Bildung, hat mehrere Jahre hindurch Europa bereist und ist geistig und künstlerisch vielseitig begabt. Die Programme zu zahlreichen von ihm angeordneten Festen entwirft er selbst, und nicht nur sie, sondern das Leben am Hofe

Zwei Leoparden *mit gefletschten Zähnen. Schwarz geflecktes Fell, Sockel mit bunten Blumen. Modelle von Kaendler. Höhe 13 und 13,7 cm. Um 1740*

überhaupt, machen die sächsische Hauptstadt berühmt. »Man konnte hier wohl nicht ernsthaft sein, man wurde mit in die Lustbarkeiten und Schauspiele hineingezogen« schreibt Johann Michael von Loen 1723.

Mangel an Ausdauer wird man weder dem Herrscher noch seinen Gästen vorwerfen können. Die Festlichkeiten im Anschluß an die Hochzeit des Kurprinzen mit der Erzherzogin Josephine 1719 dauern einen ganzen Monat. Zu der jährlich am 24. September stattfindenden sogenannten Nationen-Wirtschaft erscheinen die Teilnehmer in den Masken von Bauern, Bergleuten und italienischen Komödianten. Man beteiligt sich an Maien- und Johannisfesten, maskierten Jagden und Zwergenfesten, an den Wirtschaften und Maskeraden auf dem Altmarkt in Dresden. 1730 zieht das Lustlager von Mühlberg 50 Herzöge, Fürsten und Prinzen, 69 Grafen und 38 Freiherrn mit Damen und Gefolge an. Der Dresdener Karneval von 1732 ist so prächtig, daß sogar Gottsched seine Begeisterung nicht verhehlt.

Maskierter Kavalier *mit Uhr, sogenannter Hofnarr Kyaw. Er hält in der Rechten eine Taschenuhr am Purpurband. Weißer Mantel goldgesäumt mit Goldspitzenkragen, vorn und an den weiten Ärmeln mit grünen Rosetten besetzt. Schwarzer Dreispitz, weiße Handschuhe, weiße Halbmaske und schwarze Schuhe. Kaendler-Modell, ohne Marke. Um 1740*

Krinolinengruppe *aus der Opernwelt. Rock der Dame mit indianischen Blumen bemalt. Szene aus »Acis und Galathea« von Lully, aufgeführt in Versailles 1749. Modell von Kaendler*

Die Ausgaben für Theater und Ballettaufführungen sind beträchtlich. 28 000 Taler jährlich kostet allein die Hofkapelle, Ausgaben von 40 000 bis 50 000 Taler für Inszenierungen neuer Opern sind keine Seltenheit. Von solchen und ähnlichen Anstrengungen erholt man sich auf Bällen und Maskeraden, Schlittenfahrten und Jagdpartien.

Der Aufwand, der mit solcherlei Zeitvertreib verbunden ist, nimmt nach dem Tode August des Starken noch zu. So gut wie nichts hat Friedrich August III. an positiven Eigenschaften von seinem leidenschaftlichen Vater mitbekommen, nur im Geldausgeben scheint er ihn zu überflügeln — und in der Ausübung der Jagd, von der er geradezu besessen ist und die allein ihn aus seiner Trägheit zu reißen vermag. Das Regieren überläßt er dem Grafen Brühl, der als der eigentliche Herrscher Kursachsens für die nächsten dreißig Jahre angesehen werden muß. Max von Boehn beschreibt den Grafen Brühl, den er als männliches Gegenstück der Pompadour bezeichnet, als den vollkommensten Typ, den das Rokoko auf deutschem Boden gezeitigt hat:

Dame in Krinolinenkostüm *auf vierseitig geschweiftem hohen Sockel. Unter dem linken Arm hält sie einen Mops, ein zweiter schaut unter dem Rock hervor. Modell von Kaendler. Um 1740*

»bei aller Oberflächlichkeit feingebildet und kunstsinnig, anmutig und von einer Liebenswürdigkeit im Umgang, der selbst seine Feinde nicht widerstehen konnten, dabei aber völlig gewissenlos.« Er hat völlig freie Hand, denn Friedrich August will von der Politik nichts wissen und verschreibt sich lieber dem Müßiggang und »niedrigen Vergnügungen, als da sind Opern, Schauspiele, Mummereien ... Bälle, Jagden und Schießen« (Charles Hanbury Williams, von 1747 bis 1750 Gesandter Georgs VII. am sächsischen Hof). So miserabel sich die finan-

Dame am Spinnrocken, *nach dem von Surugue gestochenen und von Chardin gemalten Bild »Les amusements de la vie privée«. Modell von Kaendler. Um 1750*

zielle Lage des Staates auch darstellt, so gering das Interesse des Königs für sein Land und die Menschen sein mag, die Atmosphäre ist zumindest einer Sache günstig, der künstlerischen Entfaltung eines Mannes wie Kaendler, dessen Wirken der Manufaktur den Ruf der führenden Porzellanmanufaktur Europas einträgt.

Es mag heute schwerfallen, in dem Werkstoff Porzellan einen Luxusartikel zu sehen, den sich nur wenige leisten können, aber in jener Zeit gilt der Besitz von Gegenständen aus Porzellan als etwas ganz Außergewöhnliches. Die Großplastiken Kaendlers für das Japanische Palais müssen allein schon wegen des verwendeten Materials als kostbar angesehen werden, gesteigert noch durch das sie verkörpernde künstlerische und technische Element. Der Wunsch finanziell potenter Kreise, sich diesen Luxus ebenfalls zu leisten, führt zur Herstellung von

Krinolinengruppe *»Der Kuß« von Kaendler nach einer Szene aus Molières Komödie »Dom Garcie de Navarre ou le Prince Jaloux«, gemalt von Boucher, in Kupfer gestochen von Laurent Cars. Um 1745*

kleineren Gegenständen, denn nicht jeder Hof verfügt über ein Porzellankabinett.

Die bereits vor Kaendlers Eintritt in die Manufaktur aufgenommene Produktion von Kleinplastiken — durch die Arbeiten für das Japanische Palais vorübergehend zurückgedrängt — erhält in den letzten Jahren des dritten Jahrzehnts beachtlichen Auftrieb. Seine bei der Gestaltung der großen Tierplastiken gemachten Erfahrungen kommen Kaendler bei der Gestaltung von allerlei einheimischen und exotischen Tieren im Kleinen zugute.

Eines der ersten dieser Modelle dürfte das des Bologneser Hündchens gewesen sein, dessen Höhe von fast vierzig Zentimetern es Kaendler erlaubt, das lockige Fell besonders naturgetreu und lebensecht nachzubilden. Zu einer begehrten Tierfigur entwickelt sich das

Krinolinengruppe *»Le Marchand de Coeurs« von Kaendler, erstmalig mit geringen Abwandlungen modelliert 1738. Angeblich soll die Dame die Gräfin Kosel darstellen, der Kavalier entweder den Markgrafen von Ansbach oder August den Starken*

Bologneser Hund, *der sich unter dem Maul kratzt. Weiß, mit graubraunen Flecken. Die beliebte Tierfigur wurde in zahlreichen Varianten geschaffen. Kaendler-Modell um 1770*

»Mops Hündgen«, das in zahlreichen Variationen modelliert wird. Affen, die zu den beliebtesten Haustieren jener Zeit gehören, entstehen in possierlichen Darstellungen als Einzelfiguren, auch als Gruppe eine Kaffeekanne bildend, wobei die Affenmutter den bauchigen Gefäßkörper darstellt, die beiden Jungen Schnauze und Henkel. Das Jahr 1747 bringt einen ganzen Zyklus von musizierenden Affen, die sogenannte Affenkapelle, von der zweiundzwanzig verschiedene Einzelstücke bekannt sind.

Der große Reigen der figürlichen Porzellanplastik ist so bunt wie das Leben am Hofe und das Treiben auf den Festen und Wirtschaften. Standen diese Veranstaltungen unter einem einheitlichen Motto, so finden wir das bei den Porzellanfiguren wieder.

Affenkanne. *Sitzender Affe hohl, als Kanne gebildet, hält vor sich einen kleinen Affen, dessen nach hinten gelegter Kopf den Ausguß bildet. Auf dem Rücken des großen sitzt ein kleiner Affe als Henkel. Die Affen weiß, mit fleischfarbenen Gesichtern. Modell von Kaendler. Um 1735*

Eine geschlossene Gruppe bilden die dem Theaterleben entnommenen Figuren der Commedia dell' Arte, die Kaendler ab 1741 gestaltet: Pantalone, Isabella, Arlecchino, Mezzotinto, Scaramuccio, Pierrot und Colombine. Als Vorlagen, die er jedoch nie kopiert, dienen ihm unter anderem Radierungen von Jacques Callot, Kupferstiche von Joullain aus Luigi Riccobonis »Histoire de Théâtre italien depuis la decadence de la Comedie Latine« und Watteaus Stichfolge »Comédiens Italiens«.

Die Figuren wirken wie in schwungvoller Bewegung unvermittelt angehalten und sind von lebendiger Ausdruckskraft. Dieser Eindruck wird durch die dezent angewandte Staffierung, vorwiegend in Pastelltönen, noch verstärkt. Gestalten aus der italienischen Komödie sind für Meißen nichts Neues; es hat sie schon in rotem Böttgersteinzeug gegeben. Eine Neuerung Kaendlers ist die Zweiergruppe, zum Beispiel Colombine und Scaramuccio, der er vor den Einzelfiguren den Vorrang zu geben scheint.

Von Musik und Theater beeinflußt zeigen sich die Tänzerinnen und Tänzer, die Opernpaare und die Gruppen mit Musikinstrumenten. Ob sich hinter der Affenkapelle Anspielungen auf die Hofkapelle verber-

Gruppe aus der italienischen Komödie: *Musizierendes Paar. Flächige Bemalung in Gelb, Rahmfarbe, Braun und Purpur, Schuhe blau bzw. grün, Schleifen rot und grün. Sockel mit reichem Blumenbelag. Modell von Kaendler. Um 1745*

gen, kann man nur raten. Dagegen scheint die 1743 entstandene Gruppe »Fuchs am Cembalo«, in der ein Fuchs eine daneben sitzende Sängerin auf dem Musikinstrument begleitet, auf den Konzertmeister Fuchs Bezug zu nehmen. Derlei Hintergründiges glaubt man bei Kaendler häufiger annehmen zu können.

Daß sich die Affenkapelle über Jahre hinweg zu einem beliebten Zyklus von Sammelfiguren entwickelt, zeigt die Tatsache, daß Kaendler sie, zusammen mit seinem Mitarbeiter Peter Reinicke, 1767 umgestaltet, um für die Staffierung günstigere Möglichkeiten zu schaffen.

Von besonderer Faszination für die Gesellschaft jener Zeit sind die Länder des Fernen Ostens, die man sich als Märchenwelt vorstellt. Chinesen, Sultane und Türken sind auf Maskeraden beliebte Kostüme,

Liebespaar am Spinett. *Erstmalig von Kaendler modelliert 1741 und beschrieben: »Ein Groppgen, wie eine Dame auf einem Stuhl sitzet, ein Clavier vor sich stehen hat, und darauf spielt, neben ihr stehet ein Cavalier.« 1741/1742*

als Porzellanfiguren will man sie nicht missen. Den Anfang haben in der Frühzeit Meißens die Chinesen gemacht, als man sich mangels befähigter Modellierer auf Abformungen ostasiatischer Vorbilder beschränken mußte. Der Former Fritzsche hat, wie wir gesehen haben, solche Arbeit ausgeführt. Kaendlers lebensgroße Idealbüsten von Chinesen sind berühmt[51]. Eine lebendig gestaltete Figurenfolge von Chinesen aus dem Jahr 1743 stammt von Peter Reinicke.

Pagodenfigur *mit wackelndem Kopf und beweglichen Händen, in der Spätblüte der Chinamode um 1760 entstanden. Friedrich der Große ließ sich zehn Stück dieser Figur in verschiedenen Ausführungen anfertigen*

In Kaendlers sogenannten Krinolinengruppen — die weiten Röcke der Damen, die elegante Kleidung der Herren eröffnen dem Reichtum der farbigen Bemalung ein weites Feld — sieht sich die Hofgesellschaft selbst dargestellt. Das Jahr 1740 bringt unter anderem die Gruppen »Stelldichein auf der Jagd«, »Der polnische Handkuß«, 1745 entstehen »Kavalier und Dame«. Zwei von Kaendler um 1755 geschaffene

Gruppe »Asien«: *orientalischer Prinz auf liegendem Kamel. Modell von Kaendler. Um 1745*

»Der neugierige Harlekin«. *Am Boden liegender rothaariger Harlekin mit gelber Spielkartenjacke, der die Röcke des Mädchens hochhebt. Ähnliche Gruppen mit anderer Kostümierung des Harlekins, z. B. mit Dreiecks- und Rautenmuster oder gestreifter Hose und blütenbemaltem Wams. Kaendler-Modell von 1740*

höfische Figuren, für die man verbreitet die Bezeichnung »Graf und Gräfin Brühl« liest, stellen einen Stutzer und eine Kurtisane aus den »Cryes of the City of London« aus dem Jahr 1711 dar.

Die Leiden anderer läßt man sich gern gefallen — zum Beispiel in der Plastik »Der Gichtkranke« —, selbst ist man ja noch einmal davongekommen. Mit angenehmen Erinnerungen verbindet man die Schäferszenen und andere Darstellungen mit erotischen Anspielungen.

Viel übrig hat man für allerlei Späße und Komisch-Groteskes. Den beiden am sächsischen Hofe amtlich bestallten Spaßmachern »Baron« Schmiedel von Lauchstädt und dem aus Bayern stammenden Taschenspieler Joseph Fröhlich wird die Ehre zuteil, in Porzellan fast lebensgroß ausgeformt, der Nachwelt überliefert zu werden. Sie begegnen uns auch als Akteure komischer Szenen. Kaendler modelliert Schmiedel mit melancholischem Ausdruck als Postmeister, Fröhlich als Salontiroler und Skeptiker in den Jahren 1737 und 1739. Bald danach

Quacksalbergruppe, *die mehrfach und mit Variationen modelliert wurde, z. B. aus der Sammlung Mühsam mit einem Affen auf dem Arm des Harlekins. Laut Walcha wurde diese Gruppe später durch einen Patienten erweitert. Kaendler-Modell von 1741*

treten sie entweder gemeinsam oder einzeln im Rahmen lustiger Gruppen auf.

In der Gruppe des Wunderdoktors oder Quacksalbers steht Fröhlich in langem Rock, Kniehosen und Weste, mit Perücke und Dreispitz neben einem Rokokotischchen. In der Rechten hält er eine Wurzel, die er anpreist. Auf dem Tisch stehen grüne, rote und purpurne Flaschen, Wurzeln, Tüten, eine Schachtel mit Plätzchen und noch einiges mehr. Links neben ihm duckt sich ein Harlekin mit Hut und bunt kariertem Kostüm, der einen Affen auf dem Arm hält. Der flache Sockel ist mit plastischen bunten Blumen verziert.

Zweiergruppe mit Dame, *die mit der Peitsche (auf dem Foto abgebrochen) nach einem Harlekin schlägt, der in der Linken eine Wurst hält. Modell von Kaendler. 1740/1750*

Die Gruppe kehrt mit geringfügigen Abänderungen noch häufig wieder. Zum Beispiel sitzt der Affe auf dem Tisch, von dem er eine der Flaschen genommen hat, und der Harlekin hält seinen Hut, in dem sich Kräuter befinden, auf dem Schoß. In einer anderen macht sich der Affe an den Wunderdoktor heran, während der barhäuptige Harlekin den Kopf abwendet.

Kaendler selbst hat die Gruppe beschrieben: »Ein Zahnarzt mit einer großen Peruque oder Markt Schreyer seine Medicamente anbiethend, hat neben sich einen Tisch stehen, darauff medicamente liegen und einen Affen, welcher Arzenay hält, wie auch einen Arleqin in lustiger Positur, in seinem Huth Kräuter habend.«

Kesselflicker *(links) aus der Folge der »Handwerker«, auf rundem Rokokosockel mit Staffierung, und* Fleischer *(rechts) aus derselben Folge, mit Beil und baumstumpfartigem Hackblock. Kaendler-Modell um 1740 bis 1750*

Den bunten Reigen der Hofnarren und Gefoppten beschließen die Zwerge, als Mißbildungen der Natur ebenso bestaunt wie exotische Tiere. Kurios erscheint auch das Leben und Treiben des einfachen Volkes, dem man am Hofe wie aus weiter Ferne und ohne ernsthaftes Interesse zusieht. Man findet es jedoch grotesk genug, um zum Beispiel die Tätigkeit der Handwerker und Handelsleute in Porzellan festzuhalten.

Graphische Werke berühmter Stecher liefern die Vorbilder. Kolorierte Kupferstiche von Weigel dienen als Vorlagen für die Bergmannskapelle. Zwischen 1741 und 1755 modellieren Kaendler und Mitarbeiter die bekannte Bergmannsserie.

Eine Serie von Volkstypen aus anderen Ländern soll von Kaendler begonnen und von Eberlein weitergeführt worden sein: Pariser Straßenhändler und Ausrufer aus den »Cris de Paris«, die Graf de Caylus

Tanzender Bauernbursche *(links) mit Kanne, diese bezeichnet mit den Schwertern und 1736 datiert.*
Bäuerin *(rechts) mit Eierkorb und Ei in der Rechten. Modell nach Stichvorlage aus den »Cris de Paris« von Bouchardon. 1740—1750*

von 1737 bis 1746 nach Zeichnungen des Bildhauers Edme Bouchardon in Kupfer gestochen hat. Für die Ende der vierziger Jahre auftretenden Figuren aus dem Zyklus der Handwerkergruppe wird das um 1730 erschienene Werk von Martin Engelbrecht »Aßemblage nouveau des Manouvriers habilles. Neueröffnete Sammlung der mit ihren eigenen Arbeiten und Werkzeugen eingekleideten Künstlern, Handwerckern und Profeßionen« herangezogen.

Die Jagd, eine der vorzüglichsten Zerstreuungen, um sich von den

Zwei Bergleute, *der eine Gitarre spielend, der andere mit einem Hammer in der Linken, auf der Schulter eine Mulde mit Erz. Kaendler-Modelle um 1747*

Strapazen am Hofe zu erholen, liefert unzählige Motive, und vom Reiten und Schießen zum Kriegspielen ist es nur ein kleiner Schritt. Jagdgruppen erfreuen sich nicht nur der Vorliebe des passionierten Jägers Friedrich August, sondern werden auch an anderen Höfen als Tafeldekorationen und als Bestandteile von Jagdpokalen sehr geschätzt. Das aufwendigste und, wie Kaendler selbst eingesteht, mühsamste Stück dieser Art ist der 1741 entstandene Jagdpokal für Kurfürst und Fürstbischof Clemens August von Köln, dem reichsten geistlichen Fürsten Deutschlands. In den Jahren 1748 bis 1760 dienen vorwiegend Ridinger-Stiche den von Kaendler und seinen Mitarbeitern ausgeführten Jagdgruppen als Vorlagen.

Eberhatz, *weißglasiertes Porzellan. Bodenplatte mit aufgelegten Blüten. Modell von Kaendler um 1746*

Bären-Willomm, *unbemalt, Kopf abnehmbar. Goldgerändertes Halsband mit Inschrift: »Quot guttae, tot Vota.« Auf dem Schrift-Band: »Wen ich Willkommen heiss, in Schwartzburgs Fürstens Hauss*
Der trink aufs Fürsten wohl, mich rein und redlich aus;
Misenens königs Schloss, hat mich zur Wellt gebracht
Und Nimptschens treues Hertz, hat diesen Wunsch erdacht.
Anno 1749.« Ehemals Schwarzburg-Rudolstadt'scher Besitz und Sammlung Mühsam. Höhe 27 cm. Modell von Kaendler ▷

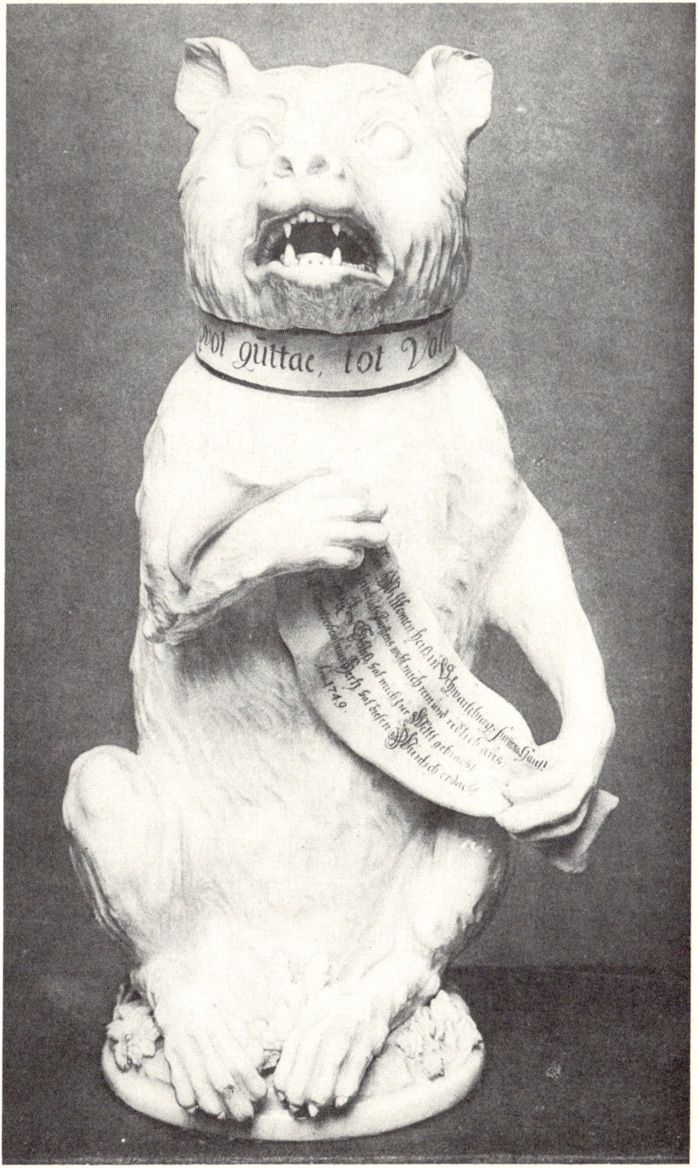
guttae, tot
1749

Ziervase *mit plastischem Dekor, bunt gemalten Manierblumensträußen und Streublümchen. Um 1755*

▷

Leuchterträgerin. *Mädchen sitzt in einer Astgabel, deren Enden die Kerzenhalter bilden. Kaendler-Modell. Um 1755*

Andere Gruppen nehmen auf geschichtliche oder aktuelle Anlässe Bezug, so die Figurenplastik von 1747, die anläßlich der Vermählung einer Tochter Friedrich Augusts III., Maria Anna, mit Max Joseph entstand, dem letzten bayerischen Kurfürsten, der an Pocken stirbt, nachdem ihn sein Leibarzt zu Tode kuriert hat.

Spätere Werke sind eine »Verherrlichung des Kurhauses Sachsen« mit zahlreichen allegorischen Gestalten (1765) und die symbolträchtige »Dänische Gruppe« anläßlich eines Vertrages zwischen Dänemark und Rußland am 22. April 1767. Porträtfiguren und -darstellungen, sind nicht selten bestellt worden, so die Kurfürstin Maria Josepha von Sachsen (um 1745), die Kaiserinnen von Rußland Katharina II. und Elisabeth II. hoch zu Roß in den Uniformen ihrer Regimenter, um nur einige zu nennen.

Berühmteste Porträtdarstellung Kaendlers ist das allerdings in sei-

nen vorgesehenen Ausmaßen nicht ausgeführte Reiterstandbild Augusts III. Ähnlich dem aus vergoldetem Kupfer bestehenden Denkmal Augusts des Starken auf dem Neustädter Markt zu Dresden sollte es einschließlich des Sockels und den diesen umgebenden Felsstücken ganz aus Porzellan sein, etwa neuneinhalb Meter hoch, und auf dem Jüdenhof in der Dresdner Altstadt aufgestellt werden. Der Auftrag wird 1751 erteilt, 1753 ist ein in Porzellan ausgeführtes stark verkleinertes Modell fertig. Ein Gipsmodell in Originalgröße entsteht bis 1755. Die Ausführung in Porzellan gelingt nicht, und das Projekt wird zu den Akten gelegt. Das Gipsmodell landet in einem Schuppen auf dem Vorhof des Meißner Schlosses, wo es noch lange steht, bis es jemandem im Wege ist, der es zerschlagen läßt. Erhalten geblieben ist das kleine Porzellanmodell aus dem Jahr 1753, das eine Höhe von etwa

Krinolinengruppe *»Die Liebeserklärung«. Kavalier reicht der Dame die Hand; zwei Putten umgeben das Paar. Rock der Dame mit bunten indianischen Blumen bemalt. Modell von Kaendler. Um 1747*

120 Zentimeter hat und sich heute in der Dresdner Porzellansammlung befindet.

Mythologische und religiöse Darstellungen, die uns aus der Zeit nach 1740 bekannt sind, müssen Kaendler schon auf Grund seiner Erziehung besonders gelegen haben. Zu den zum Teil recht aufwendigen Szenen hat unter anderem die barocke Parkplastik den Anstoß gegeben.

Ihnen schließen sich die Gruppen symbolischen Inhalts an. Für Friedrich den Großen modelliert Kaendler 1745 die neun Musen samt ihrem Schutzherrn Apollo, bereits 1741 auf 1742 sind die vier Elementen-Vasen für Ludwig XV. von Frankreich entstanden. Das »Urteil des Paris« mit den drei Bewerberinnen um den Apfel nebst Götterboten, Pfauenwagen, Tieren und Pflanzen erreicht unter Kaendlers Händen beachtliche Dimensionen, hoher Aufwand steckt auch in den Darstel-

Dame am Tisch, *in der Hand ein Buch (links). Modelliert nach Chardins »Les amusements de la vie privée«, gestochen von Surugue. Vergleiche Abbildung Seite 125 mit Spinnrad auf dem Tisch. Um 1750*
Fischer *mit Zipfelmütze (rechts), der eine Schaufel über der Schulter trägt. Kleidung türkis, violett und weiß, mit indianischen Blumen. Um 1760*

lungen der Heldentaten des Herkules, zu großen Gruppen komponiert und einzeln.

Überhaupt bietet die Sagenwelt der Antike mannigfaltige Anregungen, zum Beispiel zu dem »Orchester in der Neptunsgrotte«, den Umtrieben der griechischen Götter und den galanten Spitzbübereien Cupidos.

Die Allegorie kommt nicht zu kurz. Die vier Weltteile symbolisieren vier Frauengestalten, die auf den für die einzelnen Kontinente charakteristischen Tieren reiten: Pferd, Kamel, Krokodil und Stier. Ein römischer Imperator im Barocksessel gilt als Personifikation Frankreichs (1750), für Katharina II. modelliert Kaendler Flußgötter, die Dnjepr und Wolga darstellen. Allerdings wirken Kaendlers Götter, Göttinnen und Heroen leicht hausbacken und spröde, ohne den gewissen sinnlichen Einschlag, den man bei ihnen erwarten dürfte.

Dafür gestaltet er religiöse Gruppen mit großer Ausdruckskraft. Bereits sein Vorgänger Kirchner hat religiöse Motive modelliert und an den Apostelfiguren für die Kapelle des Japanischen Palais mitgewirkt. Von Kaendlers Hand stammen die für die Kaiserin Wilhelmine Amalie von Österreich bestimmten Heiligenfiguren. Neben einer Madonna als Symbol der unbefleckten Empfängnis und einer Büste der Mater Dolorosa sei hier auf die 160 Zentimeter hohe Kreuzigung Christi aus mehreren Teilen, auf die Hubertusgruppe von 1743 nach

Allegorische Gruppe. *Abundantia, von zwei Putten umschwärmt. Um 1760*

dem Dürerschen Eustachiusblatt und den »Tod des Jesuitenapostels Franciscus Xaverius« hingewiesen.

Kaendler wäre allein nie imstande gewesen, die Fülle von Aufträgen und Arbeiten zu bewältigen. Als einer seiner begabtesten Mitarbeiter gilt der Bildhauer Johann Friedrich Eberlein, den Kaendler aus der Werkstatt des Erzgießers Vinache holt und der von 1735 bis 1749, ein Jahr vor seinem Tod, bei ihm bleibt. Eberlein wirkt an manchen Groß-

Europa auf dem Stier, *zwei leicht bekleidete Genossinen schmücken das Tier mit Blumen und Girlanden. Erdsockel mit bunten Blüten belegt. Um 1750*

tieren mit, beim Schwanenservice und anderen Prunkservicen, und widmet sich später ausschließlich dem figürlichen Schaffen. Seine Figuren sind im Gegensatz zu denen Kaendlers weicher, passiver in den Bewegungen. Kennzeichnend für seine Hand sind der schmale Gesichtsschnitt und die leichte Schrägstellung der Augen. Als zwei seiner besten Schöpfungen werden die Figur einer Polin im Krinolinenrock

Lautenspielerin und Flötenbläserin *aus dem »Konzert der jungen Frauen«. Modelle von Johann Friedrich Eberlein*

Zwei Figuren *aus der Folge »Die Fünf Sinne« nach Modellen von Kaendler und Eberlein. Vergoldete Louis XV.-Sockel*

und die »Drei Grazien« bezeichnet, zwischen 1735 und 1740 entstanden. Aus den Meißner Arbeitsverzeichnissen können folgende Arbeiten Eberleins festgestellt werden: »Eine Form zu einem Suppennapf mit Stürtze auf Kober-Arth geflochten, eine große Schüssel-Glocke mit dem Schwanen-Dessein No. 6, eine sitzende Passas-Figur mit Kindern zum Terrinen-Deckel, so mit Bluhmen verziert, ein Waschbecken in Form eines Kleeblattes, ein wilder Schweinskopf mit Muschelwerck und anderen Zierrathen, statt eines Kopfes auf ein Terrinendeckel ein Kindel, wie solches einen Korb mit Bluhmen ausschüttet, zur Terrinen-Stürtze des Churfürst von Cöln, ein Korb zu Burgunder Bouteillen zum Schwanen Service, der Pohl. weiße Adler-Orden und der Orden des goldenen Vließes zur Statua Sr. Majst.«

Nach Berling stammen darüber hinaus von Eberlein ein sitzender Mohr, welcher einen Kredenzteller hält; eine Mohrin in türkischem Habit mit einem Blumenkorb; ein Mohr, welcher bei einer Zuckerdose steht; eine Mohrin als Gegenstück; zwei Saladièren, die eine in Gestalt einer Artischocke, die andere in der einer Melone; drei Frauengestalten, die Liebe mit zwei Kindern, die Hoffnung mit Anker und Falken in den Händen sowie der Friede mit Palmzweigen; Apoll und Daphne; Venus und Cupido; Neptun mit einer Muschel; Juno mit dem Pfau und Mercur.

Bei Walcha finden wir abgebildet einen Gemsbock aus dem Jahr

Zwei Figuren *aus der Serie »Die Vier Jahreszeiten«, links »Winter«, rechts »Sommer«. Modelle von Friedrich Elias Meyer. Um 1760*

1735, einen Leuchter und einen Apfelsinenbecher aus dem Schwanenservice und eine auf der Ziege reitende Schneiderin aus den Jahren 1740 bis 1745.

Im Versteigerungskatalog »Kunstwerke aus dem Besitz der Staatlichen Museen Berlin« aus dem Jahr 1937 werden neben der reitenden Schneiderin die Gruppe eines tanzenden Holländerpaares, zwischen 1735 und 1740 entstanden, als Arbeiten Eberleins bezeichnet. Ein Herr in Tanzpose und eine Dame im Jagdkostüm mit einem Jagdfalken, beide von Eberlein, begegnen uns im Katalog der Sammlung Dr. Max Strauß, Wien.

Herkules *mit dem kretischen Stier. Herkules nackt bis auf das hellbraune, innen hellgelbe Löwenfell. Goldstaffierter Rocaillesockel. Um 1750*

Türke mit Laute *unter dem Arm. Türkisgrüne Pluderhose, gelbe Weste, Modell von Peter Reinicke. Als Vorlage diente der Stich »Le Turc amoureux« von G. F. Schmidt nach dem Gemälde von Lancret. Höhe 17,5 cm. Um 1744*

Morley-Fletcher erwähnt die Götter und Göttinnen auf hohen Sockeln und die Vier Jahreszeiten, von zwei männlichen und zwei weiblichen Figuren dargestellt[52].

Der aus Leipzig stammende Johann Gottlieb Ehder soll an der Gestaltung der Geschirre beteiligt gewesen sein. Doenges erwähnt einen Seidenschwanz, zwei Wiedehopfe als Gegenstücke und einen Papagei und Gefäße wie kleinere Vasen, Teller, Terrinen, Tabatièren und

Malbarin. *Bemalt in den Farben Gelb, Grün, Purpur und Blau. Modell von Eberlein. Höhe 36,7 cm. Um 1746/1748*

Zuckerdosen. Von Ehder stammt mit großer Wahrscheinlichkeit ein 1747 entstandenes Gehäuse für eine Taschenuhr »durchbrochen und mit allerlei kleinen zarten Ornamenten«. Angeblich hat er auch Zahnprothesen aus Porzellan gefertigt. Wer sie getragen hat, wissen wir nicht.

Eng verbunden mit dem Werk Kaendlers ist der schon erwähnte Peter Reinicke aus Danzig. Seit April 1743 arbeitet er für die Manufaktur. Die um 1745 entstandenen und wegen ihrer Dünnwandigkeit sehr schwierig herzustellenden Porzellanhäuser für den Grafen Brühl und andere Besteller von Stand und Adel, die, mit Kerzen ausgestattet,

Brûle Parfum *in Form einer Chinesin mit Papagei (links). In Kaendlers »Taxa« bezeichnet als: »Pagoten-Weibel mit einem Papagei«. Modell von Eberlein. Um 1735/1736*
Chinesenpaar in Laube *(rechts) von Peter Reinicke modelliert nach dem Gemälde von Boucher bzw. Stich von Gabriel Huquier. Um 1750*

die Leuchter der Tischdekorationen ersetzen, sind ihm zu verdanken. Reinickes Figuren tragen dem veränderten Zeitgeschmack Rechnung. Sie haben weniger von der barocken Strenge der Schöpfungen Kaendlers, ihre Bemalung ist in zarteren Tönen gehalten.

Neben dem Türken nach »Le Turc Amoureux« von Georg Friedrich Schmidt nach Lancret — auch Eberlein hat ein solches Modell geschaffen — entstehen weitere Figuren aus dem morgenländischen Kulturkreis nach Ferriols »Receuil de Cent Estampes Représentant Différentes Nations du Lévant«[53] und eine Serie aus der italienischen Komödie für den Herzog von Weißenfels[54].

Gemeinsam mit Kaendler arbeitet Reinicke an einer Neuauflage der Figuren aus den »Cris de Paris«, zu der diesmal Zeichnungen von Huet die Vorlagen liefern. Der um 1753 entstandene hierzu gehörende

Chinesin mit zwei Kindern *(links) nach der Stichfolge »Delices de l'Enfance« von François Boucher bzw. J. J. Balechon.*
Chinesin mit zwei Kindern, *die kleine Sonnenschirme halten (rechts), nach derselben Folge von Stichvorlagen modelliert von Kaendler, Reinicke und Meyer. Um 1755*

Guckkastenmann ist bei Morley-Fletcher auf Seite 88 in Farbe wiedergegeben.

Kurz vor Eberleins Ausscheiden 1749 und Ehders Tod 1751 hat Kaendler Friedrich Elias Meyer nach Meißen geholt. Ebenso wie Eberleins Figuren glaubt man die Arbeiten Meyers an charakteristischen Merkmalen erkennen zu können, von denen die verhältnismäßig kleinen Köpfe am häufigsten erwähnt werden. Alte Arbeitsverzeichnisse geben Aufschluß über Meyers plastisches Schaffen für die Meißner Manufaktur. Doenges erwähnt, wobei er sich auf Feststellungen des Anfang dieses Jahrhunderts als Vorstand der plastischen Abteilung in Meißen tätigen Professors Erich Hösel stützt, eine Bacchantengruppe, höfisch gekleidete Musiker und die Musen als Zyklus. Ergänzend führt Walcha an: Exoten, Allegorien, symbolische Darstellungen der Erdteile, die Affenkapelle und Figuren aus der italienischen Komödie und den »Cris de Paris«, an denen auch Reinicke beteiligt ist. Nach Morley-Fletcher modelliert Meyer gemeinsam mit Kaendler und Reinicke Chinesengruppen nach Gemälden von François Boucher, von J. J. Balechon für »Les Délices de l'Enfance« in Kupfer gestochen. Meyer gilt auch als der Schöpfer des Malbaren und der Malbarin (1749 und um 1750) des Dudelsackpfeifers (1750) und einer Schäferin (etwa 1752).

Schäferin und Schäfer *mit Schafen. Gegenstücke. Helle Kleidung in den Farben Grün, Gelb, Weiß und Purpurviolett. Modelle von Friedrich Elias Meyer. Um 1750*

Tischuhr *auf Sockel. Unter dem Zifferblatt plastischer Hirschkopf, an den Ecken des Sockels vier plastische Hunde. Auf den Flächen gemalte bunte Jagddarstellungen. Um 1750* ▷

Die Bestellungen Friedrichs des Großen

Der Siebenjährige Krieg, den Friedrich II. gegen Maria Theresia führt, hat die Besetzung Sachsens durch preußische Truppen und eine nahezu vollständige Erlahmung der Manufakturgeschäfte zur Folge. Meißen wird am 6. September 1756 okkupiert und bleibt bis Kriegsende in preußischer Hand. Mitarbeiter der Manufaktur, die in das Geheimnis des Arkanums eingeweiht waren, darunter auch Höroldt, hatten Meißen rechtzeitig verlassen, und Wilhelm Caspar Wegelys

Gruppe *Allegorie der Musik und Architektur,* *bunt bemalt. Modell von Meyer. Um 1760*

Mission, die Porzellanerzeugung nach Berlin zu verlagern, wo er 1751 eine eigene Manufaktur gegründet hatte, ist nur ein Teilerfolg beschieden. Es gelingt seinen Abgesandten, zahlreiche Mitarbeiter der Meißner Manufaktur abzuwerben, darunter nicht wenige der besten Kräfte, zum Beispiel Friedrich Elias Meyer.

Unter der Leitung von Georg Michael Helbing wird die Arbeit unter erschwerten Bedingungen wieder aufgenommen. Vor allem gilt es, die von Friedrich II. erteilten Aufträge auszuführen. Die Aufsicht, auch über die Malerarbeit, fällt Kaendler zu, der in Meißen geblieben ist.

Friedrich II. erweist sich als ein sehr eigenwilliger und pedantischer Auftraggeber. Mit dem in Meißen vorhandenen Formen- und Ornamentenschatz scheint der König wenig im Sinn zu haben. Er mag den barocken Überschwang nicht; vielmehr legt er Wert auf eine modernere Gestaltung. So wünscht der König, daß die Formen zu einem japanischen Service »etwas antique und muschlicht« gestaltet und mit Kamelen, Straußen, Papageien, Raben, Affen, Tigern und Panthern bemalt werden sollen[55]. Neben zweiunddreißig Vasen bestellt der König sechs Tafelservice zum Teil nach eigenen Angaben. Die Schüsseln und Teller des »Vestunen«-Services werden mit durchbrochenem Rand gewünscht. Die Bemalung soll aus »antiquen hangenden Vestunen, welche an d'Amours Köpfgen angeknüpfft und flach erhaben« sind, bestehen.

Hinzu kommen Tabakdosen und Gruppen wie das Urteil des Paris, Venus und Adonis, Jupiter und Semele, Apollo und Daphne und weitere Paare aus der griechischen Mythologie. Es dürfte sich hier um Arbeiten von Friedrich Elias Meyer und Carl Christoph Punct, einem Dresdner Bildhauer, handeln. Meyer geht 1761 nach Berlin, so daß die Ausführung weiterer ähnlicher Gruppen in den Händen Puncts gelegen haben dürfte. Punct stirbt 1765. Er und Meyer gelten als jene bildnerischen Kräfte Meißens, die »dem Ideal in der Darstellung des nackten menschlichen Körpers am nächsten kamen«, schreibt Hofmann und bezeichnet Punct als den begabtesten von allen. Walcha dagegen hält von Punct nicht viel.

Das Frühjahr 1763 bringt endlich den Abzug der Preußen. Friedrich II. soll an die hundert Kisten Porzellan mit nach Berlin genommen haben, aber zurück läßt er erste Eindrücke einer veränderten Geschmacksauffassung.

Der Stilwandel unter dem Einfluß des Klassizismus

Zu der Einsicht, daß es an der Zeit sei, Kunst und Kunsthandwerk zu erneuern, war man in Frankreich schon über ein Jahrzehnt früher gekommen. Sie stützte sich auf die Überzeugung, daß die Antike hierbei die führende Rolle zu spielen habe. Mit großem Interesse hatte man in gebildeten Kreisen bereits im 17. Jahrhundert die Beschreibung der Reisen in Griechenland von Jacques Spon gelesen, 1719 erscheint Bernard Montfaucons Sammelwerk antiker Monumente. Zu den geistigen Wegbereitern der neuen Richtung gehörten auch der Altertumsforscher J. J. Barthélemy und der Deutsche Johann Joachim Winckelmann. 1755 erschien sein Werk »Gedanken über die Nachahmung der Griechischen Werke in Malerei und Bildhauerkunst«, 1764 folgte seine Geschichte der antiken Kunst. Zwei Jahre darauf kam Lessings Laokoon heraus.

Zur Verbreitung klassischer Formen unter den Künstlern sorgt neben Charles Nicholas Cochins »Observations sur les antiquités d'Herculanum« das berühmte Werk über die Architektur Athens von Stuart und Rewett und Ansichten antiker Architekturen, die Hubert Robert von 1754 bis 1766 in Italien malte.

Die Stimmen mehrten sich, die sich gegen die Verwilderung der Kunst wandten. Sie fanden Gehör bei der Marquise von Pompadour, deren Interesse an der Antike bereits durch ihren Lehrer Jacques Guay geweckt worden war.

In der von ihr geleiteten Manufacture royal de Sèvres wurden die neuen Einflüsse auf den Porzellanstil deutlich. Bevorzugter Werkstoff war die pâte tendre, die sich wegen ihrer großen Schmiegsamkeit wie kein anderer Werkstoff für künstlerische Zwecke formen läßt. An ihrer Bevorzugung änderte auch die Tatsache nichts, daß man 1768 bei Limoges Kaolin entdeckte und nun in der Lage war, auch ein Hartporzellan herzustellen.

Die von Sèvres entwickelten Farben waren in ganz Europa unübertroffen. Noch in Vincennes wurde 1752 das Bleu du roi (Königsblau) erfunden, ihm folgten Bleu céleste (Türkisblau), 1757 das zarte Rosenrot Rose Pompadour, später auch Rose Dubarry genannt, Vert pomme (Apfelgrün), Violet pensée, Vert pré, Jaune clair. Sèvres' plastische Kunst und seine prächtigen Farben lösten allerorten Begeisterung aus.

In England entwickelte Josiah Wedgewood in Burslem seine »queen's ware«, eine weiche Fayencemasse, die sich für plastische Dekors ausgezeichnet eignet, und den Jasper, eine kaolinhaltige Masse mit leichtem Grau- und Blauschimmer im Weiß, die sich wegen ihrer Härte für Geschirre eignet, ebenso wie für eine vielseitige plastische Bearbeitung.

Mit Besorgnis beobachtet man in Meißen die Entwicklung der Konkurrenz und das Anwachsen der eigenen schwer verkäuflichen Lagerbestände. Eine Neuorientierung auf künstlerischem, technischem und kaufmännischem Gebiet wird ab 1764 als immer dringlicher erkannt. Abgesandte der Manufaktur begeben sich auf Reisen ins In- und Ausland, um Informationen zu sammeln. Aus Paris bringen sie die Erkenntnis mit, daß dort Bouchers Schäferszenen sehr geschätzt werden und der »goût grec« die große Mode ist. Watteau und Lancret sind nicht mehr die Vorbilder für die Porzellanmalerei. In neuerer Zeit wendet man sich der Historie, Landschaften und Porträts zu.

Zwei Teller *mit Esel und Fledermaus. Auf dem Rand deutsche Blumen. Aus einem Service für Friedrich den Großen. Um 1750 oder 1765*

»Der Edle Aufschub«. *Entwurf von J. E. Zeisig, genannt Schenau.*

Mit der Berufung des Hofmalers und Professors der Dresdner Kunstakademie Christian Wilhelm Ernst Dietrich als Leiter der am 7. Februar 1764 eingerichteten Kunstschule in Meißen für die Künstler, Maler und Bildhauer der Manufaktur, gewinnt ein Mann an Einfluß, der schon vorher darauf hingewirkt hat, die Abhängigkeit der Kunst seiner Zeit von der Malerei im Stil Watteaus und seines Kreises zu brechen. In die Entwicklung der Manufaktur greift er durch seine Förderung des Antikstils ein. Die Anregung dazu rührt von seinem Umgang mit Winckelmann her, dem Begründer der wissenschaftlichen

Die nach dem Entwurf ausgeführte Gruppe, modelliert von J. K. Schönheit, 1787

Archäologie und der Geschichte der alten Kunst, mit dem er regen Gedankenaustausch pflegte, seit dieser von 1748 bis 1753 in Dresden lebte.

Dietrich ist dank seiner Stellung als Leiter der Kunstschule nicht nur für alle künstlerischen Belange der Manufaktur zuständig — auch Höroldt, der seit April 1763 wieder in Meißen ist, und Kaendler sind ihm in dieser Hinsicht unterstellt —, sondern seine Vollmachten gehen so weit, auswärtige Bildhauer nach Meißen zu verpflichten. Die Abgesandten der Manufaktur, Elsasser und Hummitzch, erhalten daher Anweisung, in Paris einen Mann ausfindig zu machen, der alle Voraussetzungen mitbringt, die heimische Produktion im neuen, modernen Stil zu beeinflussen.

1764 kommt Michel Victor Acier nach Meißen. Er ist am 20. Januar 1736 in Versailles geboren und hat seine Ausbildung als Bildhauer in Paris erfahren. Ihn, den Künstler des ausgehenden Rokoko, mit

Als Frau verkleideter Mann *mit Apfelkorb, Maske und Wickelkind. Maske fleischfarben, unter der weißen Schürze Rock mit grünen, gelben, purpurnen und braunen Dreiecksfeldern. Das Kind blaugrün gewikkelt. Niedriger klassizistischer Sockel von quadratischem Grundriß, an drei Seiten mit goldstaffiertem Wellenband und Rosetten. Um 1780*

◁
Kinder als Gärtner und Winzer. *Kinderfiguren und Gruppen wurden in Meißen gegen Ende der fünfziger Jahre eingeführt und erreichten ihren ersten Höhepunkt in der sogenannten Punkt-Zeit (1764—1774)*

Kaendler vergleichen zu wollen, würde bedeuten, die neue Richtung allgemein am Barock zu messen, was von vornherein eine vorbehaltlose Einstellung zu ihr erschweren, wenn nicht unmöglich machen müßte. Acier ist Kaendler in der Leichtigkeit der Linie, dem spielerischen Reiz der Form überlegen. Seine Arbeiten sind von Anmut und Gefälligkeit und unterscheiden sich von denen Kaendlers durch ihre zeitgemäße Formensprache. Kaendlers Rokoko wurzelt tief im Barock, der ihn künstlerisch geprägt hat und befruchtet, Aciers Spät-Rokoko atmet den Geist einer Entwicklung, die erst eingesetzt hat.

Die Zeit des individuellen kreativen Schaffens neigt sich ihrem Ende zu. Kaendler hat das Glück gehabt, auf dem Gebiete der Porzellanplastik Pionierarbeit leisten zu können, unbeeinflußt von konkurrierenden Erzeugnissen und Modeströmungen. Er hat in freier Entfaltung seines Talents dem Porzellan seine eigene Handschrift aufgedrückt. Acier dagegen beginnt seine Arbeit unter anderen Voraussetzungen. Über dreißig Jahre sind inzwischen seit Kaendlers Eintritt in die Manufaktur vergangen, Zeit genug, sich am alten Stil sattzusehen, der gewohnten Lebensweise überdrüssig zu werden, sich Neuem zuzuwenden. In der Figurenplastik äußert sich dies nicht nur in einer anderen Thematik, auch die Darstellungsweise unterliegt neuen Gesetzmäßigkeiten, sogar der Werkstoff selbst hat sich unterzuordnen. Die Bewegung, die Gestik der Figuren drücken sich beherrschter, zurückhaltender aus. Bei Kaendler sind sie spontan, überschwenglich, ja bisweilen etwas zu schwungvoll, um natürlich zu wirken. Den Bewegungen entspricht der Ausdruck der Gesichter: lebendig, heiter, menschlich. Der Antikenstil dagegen fordert Würde, Distanz, Zurückhaltung. Es ist der Tribut, den man der neuentdeckten alten Kunst zollt, deren Werke Größe, Zeitlosigkeit und Entrücktheit ausstrahlen und von solcher Vollkommenheit sind, daß jede Änderung, jeder Eingriff etwas Frevelhaftes wären. Man kann sie nur nachahmen, nachbilden. Freier künstlerischer Arbeit sind enge Grenzen gezogen. Das Selbstverständnis der in diesem Geiste schaffenden Künstler muß folglich ein ganz anderes sein als das eines Kaendler, und ihre Arbeiten können daher auch nur unter Berücksichtigung dieser Umstände richtig gewürdigt werden.

Natürlich schlägt sich der Geschmackswandel nicht sofort auf die Produktion nieder. Nicht alle Abnehmer von Erzeugnissen der Manufaktur folgen der neuen Modeströmung. Das Angebot wird vielmehr reichhaltiger, durch eingeführte oder übernommene technische Neuerungen vielseitiger. Aber äußere Einflüsse fördern den neuen Stil, lassen den alten unmodern erscheinen und fordern Anpassung. Ein Beispiel hierfür bietet der Sammelzyklus der Figuren aus der italienischen Komödie. An Beliebtheit haben sie nichts eingebüßt, aber um dem modernen Geschmack Rechnung zu tragen, stellt man sie 1770 auf einen klassizistischen Sockel und legt ihnen in ihren Gebärden Zurückhaltung auf.

Acier schätzt Kaendler, dem er als Modellmeister gleichgestellt ist, durchaus als das große bildnerische Talent, das er ist. Er weiß, daß er sich als Neuer in der Manufaktur erst bewähren muß, obwohl es ihm an Selbstvertrauen keineswegs mangelt. Von unschätzbarem Vorteil ist, daß er in Johann Karl Schönheit, einem langjährigen Mitarbeiter Kaendlers, einen erfahrenen Lehrmeister gewinnt, der ihn in den Umgang mit dem unvertrauten Werkstoff Porzellan einweist. Wie sehr man den neuen Mann in Meißen schätzt, beweisen die Aufträge, die Prinz Xaver, der nach dem Tode des Kurfürsten Friedrich Christian die Regierungsgeschäfte für den noch unmündigen Nachfolger bis 1768 führt, an Acier — nicht an Kaendler — erteilt: mehrere Gruppen allegorischen Inhalts, die zur vollen Zufriedenheit ausgeführt werden.

Schneeballvase *mit Deckel und feuervergoldeter Louis XVI-Montierung. Watteaumalerei in den ausgesparten Flächen. Um 1785*

Die Marcolini-Zeit

Seit 1774 leitet Graf Camillo Marcolini die Geschäfte der Manufaktur. Er stammt aus einer alten italienischen Adelsfamilie und ist als Page an den sächsischen Hof gekommen. Als Jugendfreund Friedrich Augusts III. genießt er dessen volles Vertrauen.

Am 18. Mai 1775 stirbt Kaendler, nachdem er drei Jahre vorher zusammen mit Acier sein letztes plastisches Monumentalwerk begonnen und 1774 abgeschlossen hat, einen umfangreichen, aus vielen Gruppen bestehenden Tafelaufsatz für Katharina II.

1780 tritt Acier, die nach Kaendlers Tod dominierende künstlerische Kraft in Meißen, als Leiter der plastischen Abteilung zurück, bleibt der Manufaktur aber bis zu seinem Tode 1799 und wohl nicht nur in beratender Funktion verbunden.

Von Aciers Arbeiten seien einige hier aufgeführt: Genreszenen wie

Anbietplatte. *Faconierter Rand, Altozier-Relief und Insektenmalerei auf der Fahne. Im Spiegel buntes Federvieh*

»Die junge Braut«, »Die zerbrochenen Eier«, »Die glücklichen Eltern«, »Annette et Lubin«, sodann größere allegorische Gruppen, darunter »Die Göttin der Gerechtigkeit«, »Ruhm des Fürsten« und »Blühender Handel«.

Nach Aciers Ausscheiden liegt das plastische Schaffen ausschließlich in den Händen ehemaliger Mitarbeiter Kaendlers. Johann Karl Schönheit arbeitet seit 1745 in Meißen. Christian Gottfried Jüchzer tritt um 1770 ein, 1773 folgt Johann Gottlieb Matthäi, einer der erfolgreichsten Vertreter der klassizistischen Richtung. Er hat als Maler und Bossierer begonnen und kehrt, nachdem er in Kopenhagen als Modellmeister gewirkt hat, 1777 nach Meißen zurück.

Von Schönheit und Jüchzer stammen Figürchen und Kindergruppen aus Biskuitporzellan, deren scherzende oder moralisierende Ausdrucksformen dem sentimentalen Empfindungen zuneigenden Zeitgeschmack entsprechen. Als Vorlagen dienen unter anderem französische Stiche sowie Entwurfszeichnungen des sächsischen Malers

Ovale Platte. *Auf der Fahne bunte Blütengirlanden, im Spiegel Federviehmalerei. Um 1780*

Kamindeckelvase. *Amphorenform auf quadratischem Sockel. Reliefierter Girlandenbehang und bunte Manierblumen. Marcolini-Zeit*

▷

Zylindrische Tasse *mit eckig gebrochenem Henkel. Blumen und Blätter in Sepia, Rot und radiertem Gold. Marcolini-Zeit. Um 1780*

Johann Elias Zeisig, genannt Schenau, der in Paris unter dem Einfluß des Genremalers Jean Baptist Greuze steht.

Das Fehlen einer leitenden Persönlichkeit vom Schlage Kaendlers erklärt nur zum Teil, warum Meißen in jener Zeit zu keinem eigenen Stil findet. Man ist zwar technisch voll auf der Höhe und geschäftlich erfolgreich, aber der künstlerische Durchbruch, wie er zum Beispiel in Wien gelingt, wo man versteht, aus den pompeijanischen Malereien und Ornamenten einen eigenen Malereistil zu entwickeln, stellt sich in Meißen nicht ein. Marcolinis Anstrengungen, die wirtschaftliche Lage der Manufaktur zu verbessern oder zumindest zu stabilisieren, bleiben ohne Wirkung. Zuschüsse und Preisverfall führen zu einer hohen Verschuldung des Unternehmens. Erst nach Marcolinis Entlassung 1814 und seinem Tod im Juli desselben Jahres, nach Überwindung der Folgen der Napoleonischen Kriege, geht es allmählich wieder aufwärts.

Über die Verhältnisse zur Zeit Marcolinis fällt Heinrich Gottlob Kühn, seit 1814 Vorsteher des technischen Betriebes unter dem Direktor Carl Wilhelm von Oppel und späterer Direktor der Manufaktur, in der 1828 verfaßten »Geschichte der Kgl. S. Porzellan-Manufaktur zu Meißen« ein vernichtendes Urteil. Zu den Jahren 1774 bis 1807 heißt es bei Kühn:

»Die bestehenden Einrichtungen und insbesondere auch die Verfassung des Arcani gelangten zu einem solchen Grade legaler Stabilität, daß dadurch aller Antrieb zu Verbesserung der Fabrikation zu erlöschen und eine völlige Apathie dafür einzutreten anfing. Gerade in einer Periode, wo man aller Orten gewaltige Fortschritte in der Technik machte, wurde bei der Meißner Manufactur fast garnichts darin geleistet, sondern vielmehr das angenommene Beharrungssystem nach und nach sogar auf den artistischen Betrieb und zwar in einem solchen

Grade ausgedehnt, daß am Schlusse dieser Periode und in den folgenden Jahren sowohl Formen als Malereien aus einer weit früheren Zeit herzustammen schienen. Von Seiten der Direktion geschah zu wenig, um das Übel aus dem Grunde heilen zu können. In der Hauptsache blieb es beim alten und unter den Arkanisten derjenige der angesehenste, welcher am besten verstand, sein ganzes Thun in ein geheimnissvolles Dunkel zu hüllen, ohne vielleicht irgend etwas zu wissen, dessen Mittheilung der Mühe gelohnt hätte ... Die Manufactur rückte unaufhaltsam ihrem Verfalle entgegen.«

Konische Tasse *mit hochgezogenem Henkel. Bunte Ansicht der Albrechtsburg in Meißen. Schwerter mit Stern. Um 1715*

Zylindrische Tasse *mit Ansicht des Klosters Schiritz. Ränder oben und unten vergoldet. Marcolini-Zeit* ▷

Und die Zeit zwischen 1807 bis 1813 schneidet nicht besser ab:

»Ein im Innersten zerrütteter Betrieb des Technischen, ein durch schlechte Leitung und willkürliche Behandlung und den Einfluß des Arcani großentheils demoralisirtes, an Faulheit gewöhntes, zur heimlichen Insubordination geneigtes Personal der chemisch-technischen Branchen, ein veraltetes Formenwesen, ein mit wenigen Ausnahmen wahrem Sinn für Kunst und einer freien, echt künstlerischen Behandlung der Malerei entfremdetes, im besten Falle doch irregeleitetes, an ein mühsames Auspinseln gewöhntes Malercorps, ein großer Waarenvorrath, der jedoch im regelmäßigen Verkaufe kaum Nachfrage mehr fand, und ein zerrütteter, man kann sagen ein vernichteter Debit waren die Materialien, welche der Periode nach Marcolini überliefert wurden, um unter den ungünstigsten äußeren Verhältnissen ein neues Gebäude damit aufzuführen.«

Die großen Tafelservice

Erst nach Kaendlers Eintritt in die Manufaktur sind in Meißen die Voraussetzungen vorhanden, große Tafelservice zu schaffen. Bisher mußte man sich mit kleinen Frühstücksservicen zufriedengeben, die aus Kannen für Kaffee, Tee und Milch, Tassen, Zuckerdose, Teebüchse und einigen flachen Schalen bestehen und die, zusammen mit dem Tablett — ebenfalls aus Porzellan — ein Solitaire oder ein Tête-á-Tête bilden. Schokolade wird aus hohen Bechern mit zwei Henkeln getrunken.

Eßservice setzen sich vorwiegend aus Tellern und Platten zusammen. Dazu gehören die vom sächsischen Hof bestellten Service mit dem gelben Löwen oder dem fliegenden Hund, das rote Drachenser-

Ollio-Topf *mit Deckel und Untersatz. Bemalt mit Augsburger Goldchinesen und dem Wappen des Prinzen Marc de Beauvau-Craon, Ritter des Ordens vom Goldenen Vlies (1679—1754), und seiner Gemahlin Anne-Marie de Ligniville. Die Teile stammen vermutlich aus einem frühen Tafelservice, das in Augsburg von Bartholomäus Seuter dekoriert wurde. 1722/1724*

Tischglocke *mit Laub- und Bandelwerk, in den Kartuschen Hafenszenen mit türkischen und abendländischen Kaufleuten. Malerei in der Art von Christian Friedrich Herold. Um 1730/1735*
Darüber quadratische Schüssel. *Kleeblattförmige Kartusche mit vier Hafenprospekten, gemalt von C. F. Herold. Auf dem Rand vier Chinoiserie-Vignetten und in den Ecken Hafenansichten. Schlangenstabmarke. Um 1730/1735*
Kleine Deckelschale *mit Trembleuse-Untersatz (rechts). Gefäßwandung und Deckel mit bunten Chinoiserien, Untersatz mit indianischen Blumen. Um 1725/1730*

vice und andere, die an die Stelle der bisher benützten Geschirre aus Edelmetall treten.

Schon 1732 beschäftigt sich Kaendler mit Entwürfen für Henkel, Kannenschnauzen und Deckelknäufen, eine Aufgabe, die ihn sicherlich ebenso gereizt hat wie die Schaffung der Plastiken für das Japanische Palais. Es mag heute schwerfallen einzusehen, was Kaendler an den Henkeln, Deckelknäufen oder Schnauzen der Geschirrteile der zwanziger Jahre auszusetzen hatte. Sie sind in jedem Fall funktionsgerecht. Dem Künstler mögen sie aber zu wenig ins barocke Gesamtbild der ihm vorschwebenden Gefäßformen gepaßt haben.

Nach wie vor ist die Bemalung der glatten Formen dominierendes Element der Dekoration. Neue Anregungen für die Tafelkultur kommen aus Paris, wo man an einem plastischen Dekorstil Gefallen gefunden hat. Dieser Modetrend begünstigt Kaendlers Vorstellungen.

Kaendler, der sich als Meister der Tierplastik bewährt und dieses Können auch auf Geschirrteile übertragen hatte — als Beispiele seien Teekännchen angeführt, die die Formen von Hahn und Henne oder einer Affenmutter mit dem auf dem Rücken reitenden Jungen haben —, bekommt den Auftrag, den Löwen aus dem Wappen des Grafen Sulkowsky als Schmuckform für Gefäße zu modellieren. Der gebürtige Pole, Günstling Augusts III. und Premierminister von Sachsen, hatte es am Hof zu nicht unbedeutendem Einfluß gebracht und stand seit 1731 der königlichen Porzellansammlung im Japanischen Palais vor.

Gewünscht wird ein vollständiges Tafelservice aus Porzellan, das in erster Linie der Repräsentation dienen soll. Da der in Meißen vorhandene Formenschatz diesen Ansprüchen nicht genügt, bedient man sich entsprechender Gefäße aus Silber als Vorlagen. Kaendlers einstiger Lehrmeister, der Dresdner Bildhauer Thomae, fertigt Zeichnungen nach Silberarbeiten des Augsburger Goldschmieds Johannes Biller, die sich in der Dresdner Hofwirtschaftskammer befanden. Diese Entwürfe benützt Kaendler bei der Herstellung der Modelle.

Charakteristisch für das Sulkowsky-Service sind die Muschelform und der Flechtmusterrand sowie die kräftig ausgebildeten Volutenfüße und Maskaronen. Das Service wird erheblich umfangreicher als bisher üblich. Terrinen gehören ebenso dazu wie Salzbehälter, Senftöpfchen und Ölkännchen, Gebrauchsgegenstände, die es bis dahin nur aus Edelmetall gab. Berühmt geworden sind die von Kaendler geschaffenen Figuren-Tischleuchter.

Alle Teile sind mit dem Allianzwappen Sulkowsky-Stein (Maria Anna von Stein) und kleinen indianischen Blütenzweigen bemalt. Der plastisch ausgearbeitete Wappenlöwe thront auf den Deckeln der Terrinen und Schüsseln.

Im Gerangel um den Einfluß am Hofe hat inzwischen Graf Brühl gegenüber seinem Rivalen Sulkowsky die Oberhand errungen. Auch er wünscht ein Service von der Manufaktur, und der König befiehlt die kostenlose Anfertigung. Es soll noch prächtiger, aufwendiger und umfangreicher sein als das seines Vorgängers. Wieder ist es das Verlangen

Deckelterrine *aus dem Sulkowsky-Service mit dem Löwen und Wappen Sulkowsky-Stein als Deckelknauf. Modell von Kaendler. 1735/1736*

Zuckerstreuer *mit Schraubdeckel aus der Plât de ménage des Grafen Brühl. Nach Kaendlers eigener Beschreibung: »1 Zur plat Menage gehorige Zuckerbusche welche in Gestalt eines durchbrochenen Baldachins besteht, woraus der Zucker gestreut wird. Unter diesem Baldachin befinden sich 2 Indianische Figuren beyderlei Geschlechts, so einander herzen.« 1737*

▷

Runde Platte *aus dem Schwanenservice für den Grafen Brühl. Modelliert von Kaendler und Eberlein. 1737/1738*

nach Prunkentfaltung, welches es Kaendler ermöglicht, seine künstlerischen Ambitionen in der Praxis zu verwirklichen.

Anfang des Jahres 1737 beginnt er mit den Vorarbeiten für das vom Grafen Brühl bestellte Speiseservice, das unter der Bezeichnung Schwanenservice weltbekannt geworden ist. Anders als beim Sulkowsky-Service scheinen hierbei Kaendlers Phantasie keine Grenzen gesetzt gewesen zu sein, und er notiert zufrieden, daß »alles mit dem ganzen Dessin übereinkommt«.

Die Grundform des Services ist barock, aber es zeigen sich erste Einflüsse des Rokoko. Denn Kaendler orientiert sich an den Entwürfen des in Paris wirkenden Juste-Aurèle Meissonnier, dem Wegbereiter des

Rokoko. Als Grundidee für das Service hat Kaendler ein mythologisches Thema gewählt, die Verherrlichung der Götter und Tiere des Meeres. Bevorzugtes Tier ist der Schwan, von dem das Service den Namen hat. Schwäne und Reiher auf dem Wasser sind das immer wiederkehrende Reliefmuster. Schwäne, von Putten gelenkt, bilden Gefäße wie Saucieren und Pastetenbüchsen. Nereiden und Tritonen ragen als Griffe und Deckelknäufe aus der durchmodellierten Wandung, tragen Schalen und Leuchter.

Der plastische Dekor ist farbig staffiert. Die wenigen ruhigen Flächen und die Ränder der Teller und Platten sind mit indianischen Blüten, wie beim Sulkowsky-Service, und dem kleinen Wappen des

Grafen Brühl und seiner Gemahlin Franziska von Kolowrat-Krakowska bemalt.

Zu den zahlreichen Einzelteilen kommt ein erheblich erweiterter Plât de ménage. Die dazu gehörenden Stücke sind in ihrer Formensprache chinesisch, in Ausprägung und Charakter jedoch europäischer Barock. Öl- und Essigfläschchen sind als Hähne dargestellt, auf denen Chinesen reiten. Ein ebenfalls auf einem Hahn sitzender Chinese hält das Senftöpfchen. Ein kauernder Chinese bildet den Deckel eines Salzgefäßes; seine Unterschenkel umschließen den Behälter bis zum Boden. Reizvoll sind der Chinese und die Chinesin, die, »so einander herzen«, die Zuckerstreuer bilden.

Da die Tafelleuchter für Sulkowsky an Pracht kaum zu übertreffen

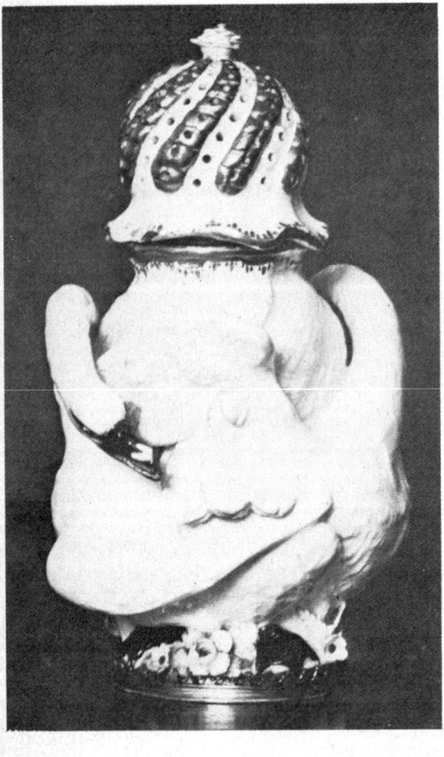

Zuckerstreuer *aus dem Schwanenservice in Form eines plastisch modellierten Schwans. Modell von Kaendler und Eberlein. 1738*

▷

Kühlgefäß *aus dem Schwanenservice für den Grafen Brühl, mit reicher plastischer Verzierung und Wappen* sind, wünscht sich Graf Brühl als Tischbeleuchtung eine Besonderheit. Kleine Häuser aus dünnwandigem Porzellan sollen die Kerzen aufnehmen und die festliche Atmosphäre bei Tisch mit ihrem dezenten Lichtschimmer erhöhen.

Kaendler arbeitet viele Jahre am Schwanenservice. Die Arbeitsberichte beginnen im Dezember 1737 und Enden im Mai 1743. Johann Friedrich Eberlein, der 1735 in die Manufaktur eingetreten ist, hat wesentlichen Anteil an der Gestaltung. Von Peter Reinicke stammen die schwierig herzustellenden Porzellanhäuser.

Den künstlerischen Mittelpunkt dieses Services bildet die große Terrine. Man kann sie als Porzellanplastik von eigenem Rang sehen. Sie wird getragen von Delphinen und Tritonenkindern, die ihre Füße bilden. Der Gefäßkörper ist von Rocaillenwerk überzogen und mit aufgelegten Blumen geschmückt. Zwei fast vollplastisch ausgebildete Schwäne halten die Wappenkartusche. Meerjungfrauen bilden die senkrecht stehenden Henkel zu beiden Seiten. Der Deckel ist wie eine Porzellangruppe modelliert. Galathea aus der Mythologie sitzt mit kleinem Gefolge auf einem Fisch, über ihr wölbt sich ein geschlungenes Tuch. Die tektonische Geschlossenheit des Gefäßkörpers ist aufgelöst in Bewegungselemente.

Porzellanhäuschen *als Tafeldekoration für die Aufnahme von Kerzen. Zahlreiche solcher Häuser in verschiedenen Ausführungen wurden von Ehder und Reinicke modelliert. Um 1745*

Das Schwanenservice gilt als sehr umfangreich. Über 2000 Einzelstücke sollen es gewesen sein. Noch 1905 befanden sich davon etwa 1400 Teile im Besitz des gräflichen von Brühlschen Familien-Fideikommisses auf Schloß Pforten in der Mark Brandenburg. Die nach dem Zweiten Weltkrieg erhalten gebliebenen Stücke sind heute in alle Welt verstreut, werden in Museen und privaten Sammlungen gehütet, aus denen sie gelegentlich in den Handel und auf Auktionen gelangen.

Neben diesen beiden großen Tafelservicen kennt die Meißen-Literatur noch eine ganze Anzahl weiterer, die für den sächsischen Hof oder andere Besteller angefertigt wurden. Graf Brühl hatte, noch bevor er sein prunkvolles Schwanenservice in Auftrag gab, ein Speiseservice mit geflochtenem Rand bestellt. Um 1736 arbeitete Kaendler für den Oberkämmerer von Friesen an einem Service, dessen plastischer Dekor aus stilisierten Blumenmotiven besteht und das nicht bemalt wurde.

Als eines der frühesten Service ist das für den König von Sardinien

1725 entstanden. Aus Höroldts Malerwerkstatt kommen 1728 das Service mit dem »gelben Löwen« für die Hofkanzlei, das bis zum Ende des 18. Jahrhunderts von der Königlichen Hof Conditorei (KHC-Marke) nachbestellt wird, und 1730 das Service mit dem »roten Drachen« und den beiden kämpfenden Hähnen im Tellerspiegel. August III., dem Sohn und Nachfolger Augusts des Starken, gefielen diese Muster so sehr, daß sie ausschließlich dem sächsischen Hof vorbehalten bleiben mußten. Erst 1919 gab man den »roten Drachen« für den allgemeinen Verkauf frei.

Aus dem Jahr 1732 stammen das Schmetterlings-Service mit bunten chinesischen Insekten und das mit dem »fliegenden Hund«.

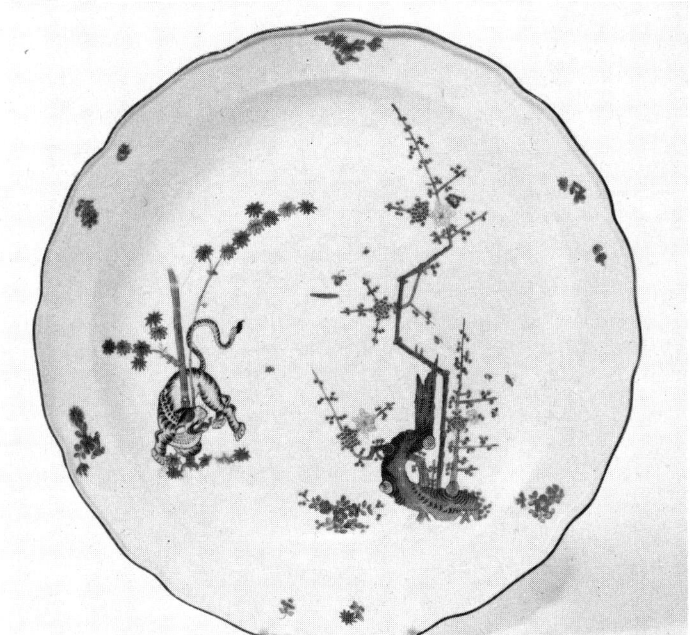

Runde Platte. *Bemalt im Kakiemon-Stil mit dem Muster des Gelben Tigers. Ein umfangreiches Service mit diesem Dekor wurde zwischen 1728 und 1738 für den Hof in Warschau angefertigt*

Platte *mit dem Dekor des Roten Drachen nach einem japanischen Vorbild. Seit etwa 1730*

1738 schenkt August III. seiner Tochter Maria Amalie Christine zur Hochzeit mit Karl von Bourbon ein Frühstücksservice, zu dem auch Trinkbecher, Terrinen und Vasen gehören. Der Dekor ist nicht einheitlich, sondern umfaßt nahezu alles an Motiven, was die Manufaktur um diese Zeit im Repertoire hat: goldene und bunte Chinesen, Landschaften und Szenen nach Watteau in Smaragdgrün. Als Fondfarben werden Gold, Seladon und Purpur verwendet. Eine Nachbestellung Karls III. ist mit Watteauszenen auf goldenem Grund verziert. Die Watteaumalerei findet so großen Anklang, daß ab 1745 zahlreiche Service, darunter ein großes für die Hof Conditorei, mit diesen höfischen Darstellungen in kupfergrünem Camaieu ausgeführt werden.

In das Jahr 1739 fallen zwei Service, die als Beispiele der Naturalistik im Rokoko gelten können. Für die Kurfürstin Maria Josepha, Gemahlin August III. und Tochter des deutschen Kaisers, gestaltet Kaendler ein Kaffeeservice mit den Blüten des Schneeballstrauchs. Die Gefäße sind völlig bedeckt mit dichten Reihen von kleinen, im geöffneten Zustand plastisch ausgebildeten Schneeballblüten. Den Höhepunkt stellt die Kanne dar, aus deren blütenübersäter Wandung vollplastische Blätterranken mit Singvögeln herauswachsen.

Ähnlich, allerdings ohne die Schneeballblüten, ist das Service für den Generalintendanten des Hauses Brühl, Graf Hennicke, mit den über die Gefäße verstreuten vollplastischen und farbig staffierten Blumen, Früchten und Vögeln. Diese kunstvolle Art der Verzierung wird allerdings bei Tafelaufsätzen und Repräsentationsgegenständen weit häufiger angewendet als bei ganzen Geschirren.

Hier macht sich Anfang der vierziger Jahre eine Vorliebe für naturalisierende Ausschmückungen bemerkbar, hinter denen sich die reine Gebrauchsform versteckt, und mit denen die repräsentative Wirkung auch des einfachsten Gegenstandes erhöht werden soll. Die Idee scheint der Freude am Tafeln entsprungen zu sein und dem Wunsch, den optischen Genuß auch dann noch zu haben, nachdem die prächtig

Terrine *mit dem Wappen des Konferenzministers Johann von Hennicke (1681—1752), seit 1739 Vizedirektor der Meißner Manufaktur*

dargebotenen Gerichte verteilt worden sind. Kaendler modelliert unter anderem Deckeldosen und -schüsseln, die wie Federvieh, Früchte oder Kohlköpfe aussehen und auch so bemalt sind; hierher gehören auch die Kannen, die Tierkörpern nachgebildet sind oder die einen Männerkopf darstellen, aus dessen Kopfbedeckung man eingießt.

Noch während Kaendler am Schwanenservice arbeitet, gestaltet er für Clemens August von Köln das umfangreiche Prunkservice von 1741 mit Puttengriffen, ombrierten Blumen, dem fürstlichen CA-Monogramm, Kurhut und Deutschordenskreuz am schwarzen Band.

Wappenservice werden in großer Zahl bestellt und ausgeführt: 1740 für die Familie Münchhausen (eine Verbindung zum »Lügenbaron« läßt sich nicht nachweisen) und mit dem Allianzwappen Clerici und Visconti; 1741—42 für Heinrich Graf von Podewils; 1745—50 für Paris de Sampigny et Bethune; 1749 mit dem Allianzwappen Fitzgerald und Lennox. Weitere Service sind das für den Gesandten des Königreichs beider Sizilien am sächsischen Hof und das für den russischen Andreas-Orden mit dem Andreaskreuz.

Deckelterrine *mit Untersatz aus dem Service für Clemens August von Köln. Modelliert von Kaendler und Eberlein. 1741/1742*

Aus mehreren Servicen besteht ein Großauftrag Friedrichs II. von Preußen Anfang der sechziger Jahre. Der Dekor entspricht dem modernen, von Frankreich ausgehenden Geschmack. Das Vestunen-Service ist mit Blumenfestons verziert, die sich zwischen Frauenköpfen spannen, die wiederum von Bandschleifen umgeben sind; in den Tellerspiegel sind große Blumensträuße gemalt. Reliefartig erhabene Musikinstrumente samt Beiwerk im Louis-Seize-Stil geben dem Service mit dem preußisch-musikalischen Dessin den Namen. Von zwei weiteren Servicen ist das mit dem Alt-Ozier-Muster mit Vögeln und Blumen, das andere mit exotischen Tieren und Blüten reich dekoriert.

1774 entsteht das Service für den Herzog von Kurland, dessen Randverzierung Goldstreifen mit darumgewickeltem grünem Band bilden.

Deckelterrine *mit dem »Preußisch Musikalischen Dessin« aus dem Tafelservice für Friedrich den Großen. In den Kartuschen erhabene Blumenzweige, Musikinstrumente und Embleme der Astronomie und des Krieges. Deckelgriff in Form eines antiken Kriegers*

Ein Service für den sächsischen Hof von 1777 ist mit Früchten, Streublümchen und Insekten bemalt; charakteristisch sind der breite kornblumenblaue Randstreifen und die plastische Perlenkette.

Eines der letzten bedeutenden Service ist das Wellington-Service für den englischen Feldherrn Arthur Wellesly. Es ist eine Gemeinschaftsproduktion von Sèvres, Wien, Berlin und Meißen, das das dazugehörige, aus hundertvierunddreißig Teilen bestehende Dessertservice, das Saxon-Service, anzufertigen hatte. Es wurde 1820 fertig.

Als Meisterleistung des Malerkorps können die gemalten Ansichten in den Spiegeln der Teller gelten, deren Rand ein breiter Kranz aus Lorbeerblättern und Eichenlaub, von einer Bandschleife gehalten, bedeckt. Dieses Ornament kehrt auf allen Teilen wieder, auch auf den nicht in Meißen gefertigten. Die Gefäßformen sind im rein antikisierenden Stil.

Zum Abschluß seien noch zwei Dekors erwähnt, die zahllose Service schmücken und deren Beliebtheit durch kein anderes Muster übertroffen wird: das »Zwiebelmuster« und der grüne Weinlaubdekor. Beide bestehen ausschließlich aus pflanzlichen Motiven. Das unterglasurblaue »Zwiebelmuster« wurde aus stilisierten Päonienblüten nach ostasiatischem Vorbild entwickelt und seit 1739 für Gebrauchsgeschirre verwendet. Der Weinlaubdekor, ein Muster aus dem Ornamentenschatz der Empirezeit, wurde in Meißen 1817 entworfen und diente als alleiniger, sparsamer Schmuck.

Im 19. Jahrhundert gehörte es vor allem in bürgerlichen Kreisen zum guten Ton, von Meißner Geschirr zu speisen und wenigstens ein Service im Hause zu haben. Das mit dem »Zwiebelmuster« dekorierte galt als das einfachste Geschirr und diente dem alltäglichen Gebrauch. Mit einer zusätzlichen Verzierung aus Punkten in Rot und Gold über der Glasur konnte man es auch bei besonderen Anlässen verwenden.

Bei den mit Blumen bemalten Geschirren stand das mit den kleinen gestreuten Blumen auf der untersten Stufe der Rangordnung, gefolgt von den mit Streublümchen kombinierten großen Blumen und den Mustern mit Blumen und Insekten.

Das Drachenmuster gab es in Grün, Gelb, Purpur, Blau, Lila und Schwarz, mit oder ohne Schattierung in Rot und Gold, nach 1919 — bis dahin war es in dieser Farbe dem sächsischen Hof vorbehalten — auch in Korallenrot. Eine Variation des Drachenmusters war der

Mingdrache der im Gegensatz zu den »alten« Drachen den Tellerspiegel fast ausfüllt und den es außer Schwarz ebenfalls in verschiedenen anderen Farben gab.

Nach alten Vorbildern wurden ausgeführt: der reiche gelbe und blaue Löwe, der bunte chinesische Drache mit Storch, der chinesische Hahn mit Blumen und Insekten, das Astmuster und das Heckenmuster aus Reisstroh mit indianischen Blumen.

Die kupfergrüne Watteaumalerei war schon um 1790, nach einer etwa dreißigjährigen Pause, wieder aufgekommen. Sie hat sich, wie alle diese Dekors, bis in unser Jahrhundert hinein erhalten.

Dessertteller *aus dem Swinton-Service. Fahne mit reliefiertem klassizistischem Dekor, im Spiegel bunte Manierblumen. Um 1775/1780*

Die Dekorationsmaler

Nach Walcha und Schönberger[56] liegt in Meißen im April 1731 die Malerei in den Händen von:

1. Johann Gregorius Herold, der Hofmaler
   Hatt d. Directorium über sämmtliche Mahler u. besorget das Emailliren der Porcellain-Geschirre.
2. Joh. Christ. Horn (seit 1720)
   Im Blauen u. bunden Jappanischen Figuren u. Bluhmen-Werck.
3. Joh. Heinr. Wolff (seit 1724)
   Feine Mahlerey Jappan. Figuren.
4. Noah Ernst Bezold (seit 1721)
   Laubwerck u. Bluhmen auch andere Zieradien.
5. Joh. Friedr. Herold (seit 1724)
   Feine Japp. Figuren und Landschafften.
6. Joh. Benjamin Wentzel (seit 1725)
   Feine Figuren und Landschafften.
7. Joh. Georg Heinze, soll der Beste sein (seit 1720)
   desgl.
8. Johann Ehrenfried Stadler (seit 1723)
   Bluhmen-Werck.
9. Joh. Gottl. Herrmann
   In blauer Mahlerey unter der Glassur auch in bunden Japp. Figuren u. Bluhmen-Werck.
10. Ferd. Aug. Zimmermann (seit 1729)
    In blauer Mahlerey unter der Glassur.
11. Rud. Gottl. Stein (seit 1727)
    In Bluhmen-Werck.
12. Joh. Dav. Leutner (seit 1728)
    Kan nichts als Gold polliren.
13. Joh. Dav. Schultze (seit 1724)
    In bunden Bluhmen.
14. Joh. Dav. Kretzschmar (seit 1726)
    In Bluhmen unter der Glassur.

Augustus-Rex-Balustervase. *In der Kartusche auf Goldgrund bunte Chinoiserie. Blaue AR-Marke. Um 1742*

15. Marcus Thausend (seit 1727)
In bunden Bluhmen-Werck.
16. Joh. Paul Krause (seit 1727)
In Bluhmen unter der Glassur.
17. Hans. Chr. Mich. Lehr (seit 1730)
Zum braunen Rändern um die Jappa. Geschirre zu machen u. die Ringel um die emaillirten Geschirre.
18. Carl Heinrich Keil (seit 1728)
Trägt die bunden Glass. auf, pollirt Gold mit u. hatt die Aufsicht auf die Leute, ordiniret mit, was einer machen soll.
19. Joh. Gottl. Erbsmehl (seit 1721)
In feinen Japp. Figuren u. Landschafften.
20. Joh. Chr. Diettrich (seit 1728)
In feinen Figuren u. Landschafften.
21. Bonaventura Gottlieb Häuer (seit 1724) desgl.
22. Joh. Leonh. Koch (seit 1724)
Mahlet das Gold, auch Laubwerck, Bluhmen und Grotesco Arbeit.
23. Joh. G. Spittler (seit 1729)
Im Blauen unter der Glassur.
24. Joh. Gottl. Lehmann (seit 1725)
In feinen Figuren und Landschafften.
25. Joh. Thob. Locke (seit 1725)
In Jappansch. Figuren und Bluhmen.
26. Christ. Friedr. Engelmann (seit 1729)
Im Blauen unter der Glassur, auch in bunden Bluhmen.
27. Joh. Gottl. Keil (seit 1728)
In bunden Bluhmen.
28. Joh. Heinr. Ludew. von Bex (seit 1730)
Im Blauen unter der Glassur.
29. Joh. Gottlob Schäfer (seit 1730)
In feinen Figuren.
30. Joh. Heinr. Hoffmann (seit 1724)
Im Blauen unter der Glassur.

Unter den zehn Lehrlingen befinden sich die beiden Brüder Ad. Fried. von Löwenfinck, der 17 Jahre alt ist und »In bunden Bluhmen« malt, und C. Heinr. von Löwenfinck für das Blau unter der Glasur.

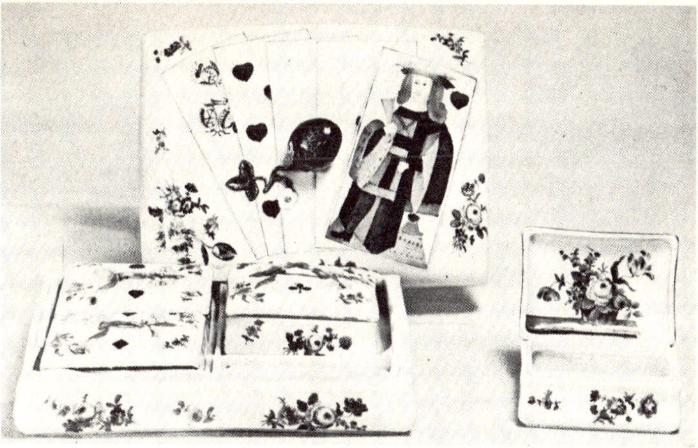

Spielmarkenkassette, *darin vier Deckelkästchen. Auf dem Deckel der Kassette vier bunte Spielkarten, der Herzbube mit sächsischem Wappenstempel. Um 1750*

Von den später hinzugekommenen Malern sind zahlreiche Spezialisten hervorzuheben: Carl Wilhelm Böhme für Landschaften und Figuren, Johann Balthasar Borrmann für Prospekte und Bataillen, Carl Jakob Klipfel, Mosaik- und Blumenmaler. Sie gehen 1761 beziehungsweise 1763 nach Berlin. Um dieselbe Zeit verlassen weitere tüchtige Maler Meißen, darunter Christian Daniel Busch (geht nach Wien), Gottlob Albert und Johann Gottfried Besser, David Büttner.

Christian Samuel Hieronymus Richter aus Freiberg in Sachsen soll um 1750 als Miniaturmaler in Meißen tätig gewesen sein.

Langjähriger Mitarbeiter der Manufaktur ist Christian Friedrich Kühnel. Er ist Anfang der vierziger Jahre nach Meißen gekommen und malt Figuren. 1775 wird er zu den »Landschaft-, Architektur-, Jagd- und Bataillen-Malern 1. Klasse« gezählt.

Christian Ferdinand Matthäi (Figuren) und ein Maler namens Birnbaum (Blumen und Früchte) gelten als hervorragende Techniker.

1764 wird Wilhelm Ernst Dietrich, seit 1748 Inspektor der Dresdner Bildergalerie, Leiter der Kunstschule in Meißen; bis 1770 bleibt er Vorstand der Malerei. Unter Dietrich kommen neu hinzu: Johann Jakob Wagner (sein Schwager) für Historien, Johann Carl Gerlach,

Christian Philipp Lindemann, der Leiter der Malereiabteilung ist und Dietrich vertritt; 1766 der Hofmaler Joseph Brecheisen aus Wien.

Johann Georg Loehnig (seit 1763) gilt als der erste deutsche Louis-Seize-Maler. Er malt Putten nach Boucher, Porträts, mythologische Szenen und Genredarstellungen.

Johann Martin Heinrici gilt als einer der ersten, der sich schon frühzeitig vom Stil Höroldts gelöst und Kopien nach Gemälden auf Porzellan übertragen hat. Dasselbe tut seit 1781 Heinrich Gotthelf Schaufuß.

1773 übernimmt Johann Eleazar Zeisig, genannt Schenau (nach seinem Geburtsort Großschönau bei Zittau), die Leitung der Zeichenschule und von 1774 bis 1796 die Aufsicht über die Maler der Manu-

Teller mit faconiertem Rand. *Im Spiegel Manierblumen, auf der Fahne drei Kartuschen mit Putten und Blütenzweige. Um 1775*

faktur. Sein Wirken fällt in die Marcolinizeit. Zu den Malern gehören Johann Carl Mauksch, Johann David Schubert, der unter anderem Wertherszenen malt und Schenaus Nachfolger wird, Heinrich Christian Wahnes für Putten, David Friedrich Weller (seit 1781) und Christian Adolf Heynemann für Blumen.

Hervorragende Bataillemaler zur Marcolinizeit sind Johann Gottlieb Tiebel (seit 1773) und Christian Heerfurth.

Am Wellington-Service, das 1820 fertiggestellt wird, sind die Maler Johann Samuel Arnhold, Johann Gottlieb Böhlig, Christian Gottlieb Hottewitzsch und Johann Friedrich Nagel beteiligt. Arnhold gilt auch als der Entwerfer des Weinlaubdekors in grüner Unterglasurfarbe.

Dekor und Form von Böttger bis Marcolini

Als im 16. und 17. Jahrhundert portugiesische Händler Erzeugnisse ostasiatischen Kunsthandwerks nach Europa brachten, geriet das europäische Kunstgewerbe unter den Einfluß der Kunst Chinas und Japans. Eingeführtes ostasiatisches Porzellan weckte den Wunsch, es im eigenen Land selbst zu erzeugen und gab den Anstoß zu den zahlreichen Versuchen, die schließlich zur Nacherfindung des Porzellans in Meißen führten.

Lange bevor man in der Lage war, in Europa Porzellan herzustellen, hatte die ostasiatische Kunst die keramischen Erzeugnisse beeinflußt, die italienischen Majoliken des 16. Jahrhunderts ebenso wie die holländische Fayenceindustrie des 17. Jahrhunderts. Um mit den fernöstlichen Porzellanen konkurrieren zu können, paßten die holländischen Fayencetöpfer ihre Erzeugnisse äußerlich vollkommen an. Auch der Dekor wurde getreulich kopiert. Die Farbe Blau bevorzugte man dabei deshalb, weil die eingeführten, blau dekorierten Porzellane gern gekauft wurden und mengenmäßig an der Spitze lagen.

An den Delfter Nachbildungen chinesischer und japanischer Importporzellane orientierten sich wiederum alle anderen europäischen

Fayencemanufakturen. Als dann die Nacherfindung des Porzellans in Meißen glückte, lag es auf der Hand, genauso zu verfahren, zumal an geeigneten Mustern kein Mangel herrschte.

Die in Meißen aus roter Masse hergestellten Gefäße sind daher zum großen Teil genaue Nachbildungen chinesischer und japanischer Formen oder lehnen sich eng an diese an. Auch beim Dekor greift Böttger auf ostasiatische Vorbilder zurück. Der Reliefzierat, von Böttger häufig angewendet, ist chinesischen Ursprungs. Das wohl älteste Beispiel dafür, eine kleine bauchige Vase mit reliefiertem Körper, um 1250 in China entstanden, befindet sich im Schatze von San Marco in Venedig.

Neben den aufgelegten Blumen und Blütenzweigen, die in der Werkstatt von Martin Schnell auch mit Lackfarben bunt bemalt werden, begegnen wir einer Dekorationstechnik, die von der Glasveredelung übernommen wird: der Schliff, der Schnitt und die Politur. Rotes Böttgersteinzeug erhält durch das Polieren einen Glanz, der es kostbarer erscheinen läßt. Polierte Teile eines Gefäßes wechseln mit matten ab. Mit dem Schleifrad werden runde oder olivförmige Vertiefungen in die Gefäßwandung geschliffen, oder sie wird mit einem Facettenmuster überzogen. Auch hierbei bietet die Wechselwirkung von poliertem und mattem Schliff Möglichkeiten der Abwechslung.

Die Veredelung durch Schliff und Politur erfolgt in der königlichen Schleifmühle im Weißriztal bei Dresden. Hier und in Böhmen wird auch die Gravur ausgeführt. Ein in »Keramik und Graphik« von Siegfried Ducret auf Seite 65 abgebildeter Walzenkrug aus Böttgersteinzeug zeigt am oberen und unteren Rand eingeschliffene Olivfacetten und zwischen zwei schmalen Bändern aus Kugelornamenten die Gravur einer Chinesendarstellung nach einer Stichvorlage von Paul Decker. In der Hauptsache waren es wohl Ornamente in barockem Geschmack, die von den Graveuren in das rote Steinzeug geschnitten wurden. Auch beim plastischen Belag bediente man sich barocker Verzierungen, behält jedoch die ostasiatischen Gefäßformen bei. Völlig frei von chinesischen Einflüssen zeigen sich die Akanthusreliefs, die dem antiken Formenschatz entlehnt sind und die Hand des Silberarbeiters Johann Jacob Irminger verraten.

1710 wird Irminger durch einen Befehl des Königs aufgefordert, »bei dero Porcellain-Fabrique hülfreiche Hand zu leisten und auf solche

Inventiones zu dencken, damit teils außerordentlich große, teils andere Sorten sauberer und künstlicher Geschirre möchten gezeuget werden«. Die Suche nach einem dem abendländischen Geschmack entsprechenden eigenen Porzellanstil setzt also schon mit Gründung der Manufaktur ein. Erste Ergebnisse sind Deckeldosen und -vasen von barockem Profil, Gefäße in antikisierender Form und nach Vorlagen aus Edelmetall, Elfenbein oder Holz.

Die Früchte von Irmingers Tätigkeit scheinen den Beifall des Königs gefunden zu haben, und auch Böttger urteilt anerkennend: »Er (Irminger) hat gemacht aus schlechten Töpfern guthe Künstler und sich Mühe gegeben, dem Werck mit Rath und That von Zeit zu Zeit zu assistieren.« Der Former Georg Fritzsche mag einer derjenigen gewesen sein, die von Irminger gelernt haben. Wir wissen, daß er zwischen 1720 und 1728 neue Porzellanformen entwickelt hat.

Teller mit gezacktem Rand. *Untere Hälfte mit Schachbrettmuster, darüber Reisstrohdecke mit indianischen Blütenzweigen und Eichhörnchen. Auf der Fahne »fliegender Fuchs«. Dekor nach japanischem Vorbild seit etwa 1728*

Als es gelingt, das erste weiße Böttgerporzellan herzustellen, entsprechen die daraus geformten Gegenstände denen aus dem roten Steinzeug. Ihre Farbe ist, verglichen mit dem ostasiatischen Porzellan, schmutzig weiß und gelbstichig, die Masse ist grob im Korn und nicht frei von anderen Unreinheiten. Schwierigkeiten hat man auch mit der Dekoration. Die Verzierung mit Reliefauflagen birgt keine Probleme, Schliff und Gravur scheiden jedoch aus, und die Bemalung mit bunten Farben, besonders in dem bevorzugten Blau unter der Glasur, ist noch stark verbesserungsbedürftig. Neben einigen Emailfarben von leuchtendem Ton halten nur Gold und Silber auf der Masse, aber auch hier

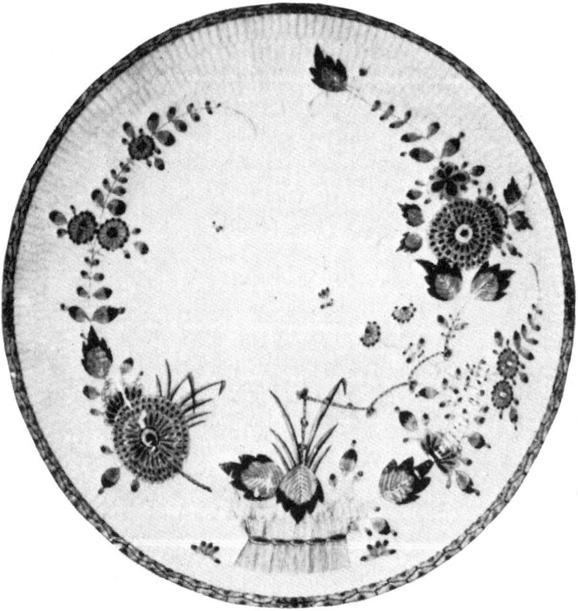

Runder Teller *mit dem Reliefdekor »gebrochener Stab« und einer Variante des sogenannten Ährenmusters. Aus einem Tafelservice aus der Marcolini-Zeit*

Augustus-Rex-Bechervase, *in leuchtenden Farben bemalt mit indianischen Blumen, Kiefer- und Bambuszweigen und vier exotischen Vögeln. Arbeit von Johann Ehrenfried Stadler. AR-Marke. Um 1728/1730* ▷

sind die Ergebnisse nicht befriedigend. Zum Beispiel gerät die Farbe des Silbers zu sehr ins Schwarze, den bunten Farben fehlt der Emailcharakter.

Nach Böttgers Tod gehen die Bemühungen weiter, die Masse zu verbessern und die Schwierigkeiten zu beseitigen, die sich bei der farbigen Behandlung stellen, besonders beim Unterglasurblau. Wirklich brauch-

bare Ergebnisse kann schließlich Höroldt vorweisen. Purpur- und Zinnoberrot, Grün, Violett und Gelb, letzteres etwa um 1725.

Höroldt begnügt sich mit den vorhandenen Formen. Neuerungen beurteilte er aus der Sicht des Malers, der die glatten Flächen für die Malerei bevorzugt. Die besten Entfaltungsmöglichkeiten für die farbige Dekoration sieht er in den ruhigen, breiten Flächen der ostasiatischen Vorbilder. Als störend empfindet er die unruhigen kleinen Flächen der barocken Formen. Sie engen die Malerei zu sehr ein.

Trotz seines bedeutenden Einflusses kann er die weitere Entwicklung, wie sie der König wünschte, nicht verhindern. Die Suche nach geeigneten Vorlagen für neue Formen geht auch außerhalb der Manufaktur weiter. 1728 werden auf der Leipziger Messe Zeichnungen nach Augsburger Silbergeschirr angekauft, im Jahr darauf besucht der Modellmeister Lücke Dresdner Goldschmiede, um sich von deren Arbeiten anregen zu lassen.

Es wäre müßig, Höroldt vorhalten zu wollen, er habe nicht genug für die Entwicklung neuer Porzellanformen getan, ja diese sogar behindert. Mit Kaendler erhielt die Manufaktur eine künstlerische Kraft, die dies vorbildlich besorgte. Höroldt war Maler und daran interessiert, brauchbare Farben zu entwickeln, zu erproben und die Porzellanmalerei zur künstlerischen Vollendung zu bringen.

Ganz den Gepflogenheiten entsprechend, suchte er seine Motive in der Sammlung ostasiatischer Porzellane des Königs. Mit großem Einfühlungsvermögen machte er sich mit den exotischen Dekorationen des japanischen Imariporzellans vertraut, malte mit Fleiß und Liebe im *Kakiemonstil* die Chrysanthemen-, Kornähren-, Kiefern-, Päonien-, Pflaumen- und Schwarzdornmuster, Motive aus der Vogelwelt wie Paradiesvogel, Kranich, Rebhuhn, Wachtel und Hahn, exotische Tiere wie Drachen, Löwen, Tiger und Schildkröten. Zahlreich sind die Darstellungen von Insekten und Schmetterlingen, meist zusammen mit Blumen.

Höroldt übernahm den Chinoiserie-Dekor und entwickelte ihn in Meißen zur Vollkommenheit. Die von ihm selbst entworfenen Szenen aus dem fernöstlichen Lebenskreis blieben für lange Zeit begehrte Schmuckmotive.

Die Blumen wurden zu einem unentbehrlichen und im Laufe der Zeit häufig abgewandelten Dekorationsbestandteil. Auch hier lieferte der japanische Kakiemonstil, den man getreulich kopierte, die ersten Anregungen. Um 1720 kamen die »indianischen« Blumen auf; sie hielten sich bis ins 19. Jahrhundert hinein. Mit ihren leuchtenden Farben stehen sie im wirkungsvollen Kontrast zur weißen Fläche des Porzellans. Hauptsächlich wurden sie als schmückendes Element in Verbindung mit anderen Mustern gemalt, den Chinesen- und Tierdarstellungen. Als Streublümchen dienten sie, ebenso wie fliegende Insekten, zum Überdecken von Fehlern in der Glasur.

Um 1730 kam die »deutsche« Blume auf, nach einheimischen Blumenbüchern mit Holzschnitten oder Kupferstichen für Goldschmiede.

Teller *von runder, glatter Form, mit ombrierten Blumen und Insekten bemalt. Um 1740*

Augustus-Rex-Vase, *bauchige Form mit zylindrischem Hals. Bunte indianische Blumen und Vogel auf Zweig, in der Art von Adam Friedrich von Löwenfinck. AR-Marke. Um 1730*

Das Kopieren dieser graphischen Vorlagen ging so weit, daß man sogar die Schattenränder mit aufs Porzellan malte. Anfangs waren es einzelne Blüten und Blumenzweige, zu denen sich bisweilen Insekten gesellten, die man aus Insektenbüchern abmalte.

Diese sogenannten Holzschnittblumen, hart und trocken gemalt wie die kolorierten Vorlagen und daher auch unter der Bezeichnung »trockene deutsche Blumen« bekannt, hielten sich bis etwa 1745, und wurden von den »natürlichen« Blumen abgelöst, die in weicheren Farbtönen gemalt wurden und ganze Sträuße im vollerblühten Zustand bilden, in deren Mittelpunkt häufig die Rose steht, umgeben von Nelke, Tulpe, Chrysantheme, Glockenblume, Hortensie, Lilie und Vergißmeinnicht. Die Farben sind zart schattiert, Schattenränder kommen nicht mehr vor. Als »Manierblumen« wurden sie zu einem wesentlichen Bestandteil der Porzellanmalerei in der zweiten Hälfte des 18. Jahrhunderts.

Auf dem Gebiet der figürlichen Malerei gesellten sich schon gegen 1730 zu den Chinesenszenen die Landschaften mit Staffage, See- und Hafenprospekte nach Stichen von holländischen Gemälden.

Sie wurden um 1740 ergänzt durch lebhaft bewegte Reiterkämpfe und Lagerszenen nach Wouwerman, Rugendas und anderen Augsburger Malern. Jagdszenen nach Ridinger werden um 1750 beliebt.

Teekanne *nach ostasiatischem Vorbild, bunt bemalt mit Manierblumen. Modell der Kanne um 1730, Malerei um 1750*

Deckelbecher *(links). Über achtkantig gewölbtem Unterteil konisch ansteigend. Auf der Wandung über der eingezogenen Mitte umlaufende bunte Hafenlandschaft, in den acht Feldern darunter Hafenszenen abwechselnd in Purpur und Eisenrot. Deckelknauf in Form eines Drachen. 1735/1740*
Cachepot *(rechts), achtfach gewellt, mit Watteauszenen bemalt: Kavalier und Dame, Harlekin und Mädchen. Um 1740/1750*

Wie wichtig Kupferstiche als Vorlagen sowohl für Figurenplastik als auch für die Bemalung waren, erkennt man an den Szenen aus dem höfischen Leben, die Ende der dreißiger Jahre die Meißner Geschirre schmückten. Die figurenreichen Gemälde von Watteau und Lancret, Lebas, Audran, Tardieu und anderen, in Kupfer gestochen und vervielfältigt, gelangten auch nach Meißen. Heinrich von Heinecken, der an der Kunstblüte Sachsens nicht unerheblichen Anteil hatte und der 1746 Gestalter des Kupferstichkabinetts wurde, ließ die Stiche aus Paris kommen. 1741 trafen über hundert Blätter in Dresden ein. Ihnen entnahm man einzelne Motive, um sie auf Porzellan zu malen, Damen und Kavaliere beim Spaziergang oder Rendezvous im Park, beim

Runde Platte, *bunt bemalt mit Unterglasurblau und Gold. Am Rand eisenrote Rankenborte. Um 1735/1740*

legeren Zeitvertreib, im intimen Gespräch. Berühmt sind die »grünen Watteau-Service«. Die Bemalung ist, bis auf die Fleischtöne, ganz in Grün-Camaieu ausgeführt. Zahlreiche Service mit diesem Dekor wurden für den Hof in Dresden und Warschau angefertigt. Die kupfergrünen Watteau-Szenen bürgerten sich als Gattungsbegriff ein. In den siebziger Jahren scheinen sie zu Gunsten holländischer Bauern nach Teniers etwas aus der Mode gekommen zu sein, gegen Ende des Jahrhunderts waren sie wieder gefragt.

Die Blaumalerei unter der Glasur war 1739 aus dem Erprobungs- und Entwicklungsstadium herausgetreten, so daß sie nun mit gleichmäßigen und befriedigenden Ergebnissen angewendet werden konnte. Bisher hatte es immer wieder Schwierigkeiten mit dem Kobaltoxid gegeben, das sich in der darüberliegenden Glasur löste und diese blau färbte, wobei die Malerei zerlief.

Das »Zwiebelmuster«, das schon um 1728 in einer ersten Ausführung vorlag, konnte nun für die umfangreiche Produktion herangenommen werden. Das Rankenwerk dieses Dekors ist die fast stilechte Nachbildung eines japanischen Musters. Aus einem dicken Bambuszweig sprießen ein reiches Blüten- und Blättergeranke und eine voll erblühte Päonie. Auf dem Tellerrand wechseln japanische Pfirsiche und

Granatäpfel miteinander ab; die Zwischenräume sind mit zarten Blätterzweigen ausgefüllt. Diese Granatäpfel wurden fälschlich als Zwiebeln gedeutet und verliehen dem Muster seinen irreführenden Namen. In der um 1739 standardisierten Ausführung blieb es bis heute gültig.

Daneben wurden noch andere indianische Blumenmuster in Unterglasurblau gemalt, etwa ab 1745, als man die richtige Tonwertwiedergabe zu beherrschen verstand, auch deutsche Blumen, die sogenannte blaue deutsche Blume. Alle diese Blaudekore wurden an Beliebtheit vom »Zwiebelmuster« übertroffen.

Der Übergang zu anderen Motiven bei der Geschirrdekoration vollzog sich in der zweiten Hälfte des 18. Jahrhunderts unter dem Einfluß neuer Geschmacksrichtungen und einer veränderten Geisteshaltung. Empfindsamkeit und die Vorliebe für das einfache, ländliche Leben begannen sich durchzusetzen, Maler wie Watteau und Lancret galten nicht länger als nachahmenswert.

Bouchers Putten wurden von etwa 1770 an auf Porzellan gemalt, besonders gefällig von Johann Georg Loehnig, der sich auch mit der Historien- und Porträtmalerei auf Porzellan beschäftigte. Porträtma-

Rechteckige Porzellanplatte *mit dem Porträt Augusts III. Gemalt von Johann Martin Henrici*

ler in Meißen war auch Johann Martin Heinrici, der 1753 August III. und seine Gemahlin auf Porzellan porträtierte. Überhaupt wurde nun die schöne Malerei auf Porzellan sehr geschätzt. Malerischer als bisher führte man seit 1760 die deutschen Blumen aus, neben denen die Früchtemalerei an Bedeutung gewann. Ganze Service dekorierte man seit etwa 1755 mit Gruppen von bunten exotischen Vögeln. Die Geschirrteile erhielten, wie auch bei vielen Blumenmustern, einen gemalten Rand aus einem farbigen Mosaik- oder Schuppenmuster.

Im Charakter der Landschaften vollzog sich ein Wandel. Die alten Niederländer waren aus der Mode gekommen, bevorzugt wurden nun Städtebilder von Bernardo Canaletto oder Thieles Prospekte sächsischer Gegenden. Eine Anbietplatte mit einer Stadtansicht Warschaus von Canaletto im Stuttgarter Landesmuseum ist um 1780 entstanden. Die Ruinenlandschaft paßte ins vorherrschende Stimmungsbild. Meist wurden jedoch nicht die historischen Monumente, sondern anonyme verfallene Gemäuer auf Porzellan gemalt.

Berühmte Gemälde aus der Dresdner Galerie wurden miniaturhaft auf Porzellan übertragen. 1763 malte Heinrici nach Raffaels Gemälde die »Madonna della Sedia«.

Porzellanplatte *mit dem Porträt Maria Josephas, der Gemahlin Augusts III. Gemalt von Johann Martin Henrici*

In die Marcolinizeit fallen die Wertherszenen, die um 1780 Loehnig und Johann David Schubert malten und mit denen sich Meißen ein populäres Thema für die Porzellandekoration sicherte. Klassizistischer Einfluß machte sich nun auch bei der Malerei stärker bemerkbar. Die Ornamente bekamen antikisierenden Charakter, das Bunte, das nach vorherrschender Lehrmeinung nicht klassisch gewesen sein sollte, bekam Konkurrenz durch Sepiatöne oder Grau-in-Grau-Malerei. Das Schwarz kam auf, zum Beispiel bei der schwarzen deutschen Blume, deren Blätter und Knospen man allerdings in kräftigem Grün darstellte.

Von England übernahm man nicht nur Reliefbildnisse und Friese in der Art Wedgewoods, sondern auch die Idee der Sammeltasse. Der Darstellung bot sich hier ein weites Feld, nicht zuletzt deshalb, weil man ein möglichst weit gefächertes Sortiment anbieten wollte. Die Motive reichen von mythologischen Szenen und Porträts über Ansichten bis zu patriotischen Dekors wie dem Plan der Völkerschlacht bei Leipzig 1813.

Ovale Platte *mit Darstellung aus »Werther«, gemalt von Johann David Schubert. 1788*

Eine beliebte Modeerscheinung von verhältnismäßig kurzer Dauer war die Silhouette, deren man sich in Meißen um 1790 verhältnismäßig häufig bediente. Der Dresdner Samuel Mohn, der vor allem durch seine in transparenten Farben bemalte Andenkengläser berühmt geworden ist, hat außerhalb der Manufaktur Silhouetten auf Meißner Porzellan gemalt. Er war sicherlich nicht der einzige Hausmaler jener Zeit, die sich Meißner Scherben besorgten, als die Manufaktur gezwungen war, entgegen ihrer Gepflogenheit auch unbemaltes Porzellan zu verkaufen. An die Stelle der Silhouetten und bunten Porträts trat etwas später das vergoldete Reliefporträt, das auf Geschenktassen bis ins Biedermeier hinein anzutreffen ist.

Schon in der Frühzeit der Manufaktur wurden zur Flächendekoration Fondfarben nach chinesischem Vorbild verwendet, die aufgemalt oder aufgespritzt wurden, aber noch nicht im Scharffeuer eingebrannt werden konnten. Die erste Fondfarbe war der von Böttger entwickelte Lüsterfond, eine rot-violette »Perlmutterglasur«.

Die erste Scharffeuerfarbe erfand Samuel Stöltzel 1720, das Kapu-

Deckeltasse *und Unterteller mit pompejanischer Randornamentik, Silhouette der Gräfin Marcolini und Monogramm aus Blümchenbuchstaben auf der Untertasse. Um 1790*

Tasse *mit Untertasse. Im gelben Fond der Tasse vierpassige Kartusche mit Chinoiserie. Vierpaß auf der Untertasse von Laub- und Bandelwerk umrahmt, darin bunte Chinesenszene mit Neger. Um 1740*

Zuckerdose *mit Deckel in der Form einer Reisschale. Purpurfond mit ausgesparten Kartuschen, darin Landschaftsmalerei mit Staffage in der Art von B. G. Häuer. Um 1735*

zinerbraun, dem spätestens 1725 ein kräftiges Gelb und die Farbe Apfelgrün folgten. Häufig anzutreffende Fondfarben wie Purpur, Seladon (auch Meergrün oder Türkis) kamen um 1730 auf. Daneben gab es noch eine Reihe anderer Fondfarben, die jedoch nur selten benützt wurden, zum Beispiel Himmelblau und Eisenrot. Erst in den sechziger Jahren wurde die Farbe Blau unter den Einfluß von Sèvres nach gelungener technischer Erprobung auch in Meißen zur Modefarbe.

Unter der Leitung Marcolinis wandte man die farbige Behandlung der Fläche in einem Maße an, daß von einer materialgerechten Wirkung des Porzellangegenstandes kaum noch die Rede sein kann. Bei den Servicen, zum Beispiel dem Hofservice mit dem kornblumenblauen Rand, blieb bei den Tellern nur der Spiegel weiß, mit Früchten, Streublümchen und Schmetterlingen bemalt, Tassen ließ man meist nur noch am Henkel weiß oder innen.

Neben den einfarbigen Fond trat der marmorierte oder holzähnlich gemaserte, womit man die Wirkung von geschliffenen Halbedelsteinen und edler Hölzer vortäuschen wollte.

Die Entwicklung technisch verbesserter Farben brachte neue Dekors. Nachdem man mit Chromgrün unter der Glasur malen konnte, kam um 1818 der Weinlaubdekor auf, dessen Beliebtheit nur vom »Zwiebelmuster« übertroffen wird.

An bedeutenden Tafelservicen entstand in der ersten Zeit nach 1800 nur eines, das Wellington-Service von 1818. Den Tellerrand bedeckt in ganzer Breite ein üppiger Kranz aus Lorbeerblättern und Eichenlaub, von Schleifen gehalten, den Tellerspiegel füllen minuziös gemalte Städteansichten mit figürlicher Staffage.

Ebenso wie die Sammeltassen immer mehr den Charakter von Erinnerungsstücken und Andenken annahmen, wurden die Teller mit bekannten Ansichten aus Badeorten, großen Städten und landschaft-

Teller *mit Sulkowsky-Reliefmuster. Im Spiegel indianische Blumen und Vogel auf einem Zweig. Nach 1735*

Teller *mit Altozier-Relief. Japanischer Dekor in bunt und Gold: Blühende Zweige, Kraniche, fliegender Vogel, Insekten und indianische Streublümchen. Um 1735*

licher Sehenswürdigkeiten zum reinen Souvenir, Miniaturgemälde, die man zu Hause in der Glasvitrine aufbewahrte, für die das Porzellan nur der geeignete preiswerte Malgrund war.

Von Anbeginn des Manufakturschaffens waren die einfachen Gebrauchsformen, zum Beispiel die runden Teller und Platten, Veränderungen unterzogen, die man den Silbergeschirren und der Fayencetöpferei entnahm. Der Rand erhielt meist sechs bis acht Einkerbungen und wurde »façoniert« bezeichnet. Die »godronirte« Ausführung hatte einen mehrgliedrigen Wulst. Dieser nahm mit dem aufkommenden Rokokostil die Form von Rocaillen oder Ranken an. In Verbindung mit dem Reliefdekor waren gewellte oder ausgeschnittene Ränder unerläßlich.

Konsequent wurde die plastische Verzierung bei kompletten Speiseservicen zum erstenmal bei dem des Grafen Sulkowsky 1735 angewen-

Kaffeekanne *mit violettem Fond. Bemalung im Kakiemon-Stil mit Blumen und Vögeln. Um 1735*

Runde Schale *mit Deckel. Seladonfarbener Fond und indianische Blumenmalerei in den Reserven. Um 1730*
▽

det. Das Reliefmuster ahmt nach japanischem Vorbild die Struktur eines über Kreuz geflochtenen diagonalen Mattengeflechts nach. Es ist von erhabenen geraden Stegen in gleiche Abschnitte unterteilt.

Seit 1736 gibt es den Reliefdekor *Gebrochener Stab.* Drei Reihen eng aneinanderliegender schmaler Stege reichen vom Tellerrand bis in den Spiegel hinein. Die Stäbe der einzelnen Reihen sind gegeneinander versetzt; die der zweiten Reihe schließen genau an die Zwischenräume zwischen den Stäben der oberen Reihe an.

Der berühmteste Reliefdekor ist der des Schwanenservices. Von den erhaben modellierten Darstellungen der Schwäne und anderer Motive gehen muschelartig gebogene Rillen aus, die nach außen hin breiter werden.

Tasse *und Untertasse in Vierpaß-Form. Meergrüner Fond, Figurenmalerei und Manierblumendekor. Um 1760*

Das *Altozier-Muster* ist wie der Sulkowsky-Reliefdekor auf den Tellern durch gerade Stege in zwölf Teile zerlegt. Es stellt ein Korbgeflecht dar, von dem es seinen Namen hat. Es wird *Neuozier* genannt, wenn die Stege nicht gerade, sondern geschwungen sind.

Die Bestellung für ein Service mit dem *Marseille-Muster* kam 1739 aus Frankreich. Geschwungene Blütenranken und Blumen reichen vom Tellerspiegel bis an den Tellerrand.

Ihm ähnlich, nur üppiger im Reliefdekor, ist das *Gotzkowsky-Relief*, auch *Gotzkowskys erhabene Blumen* genannt. Die Mitte der Tellerspiegel bietet nur wenig Raum für die Bemalung. Häufig wurden Geschirre dieses Musters mit Watteauszenen bemalt, die sich in die freie Mittelfläche gut einfügen lassen. Die vier sich auf der Tellerfahne gegenüberliegenden glatten kleineren Felder, boten sich für die Bemalung mit Streublümchen an. 1741 bestellte der Berliner Kaufmann Gotzkowsky dieses Muster zum erstenmal. Es blieb danach noch lange in Gebrauch.

Der kurfürstlich-sächsische Oberküchenmeister Friedrich August von Brandenstein lieh dem Muster mit dem geraden Gitterrelief seinen Namen, als er es 1738 anfertigen ließ. Im Gegensatz zu diesem *Alt-Brandenstein-Muster* wird das gewellte Gitterrelief *Neu-Brandenstein* genannt.

Teller *mit Reliefmuster »Gotzkowskys erhabene Blumen«, dem russischen Adler und Andreaskreuz. Um 1755*

▷

Salatschüssel *in Form eines Salatkopfes und Untersatz mit ausgestochenem Flechtrand. Gefäß und Deckel naturalistisch bemalt. Untersatz mit Manierblumen-Sträußchen. Um 1750*

Ein aus geschwungenen Rokokolinien bestehendes zartes Spitzenreliefmuster ist als *Brühlsches Allerlei* seit 1742 bekannt.

1743 bestellte der holländische Kaufmann *Dulong* für einen Kunden ein Reliefmuster, dessen erhabene Linien dem Brühlschen Allerlei ziemlich nahestehen und das zusätzlich mit Reliefblumen wie das Gotzkowsky-Muster angereichert ist.

Als vereinfachte Abwandlung der s-förmig gebogenen Relieflinien des Schwanenservices erweist sich das *Gewundene Muster*. Der Dekor beginnt an der Kebe des Tellers und zieht sich dicht gesetzt über die Fahne bis an den ausgebogten Tellerrand.

Teller und Platten mit durchbrochener oder ausgestochener Fahne wurden vorwiegend für Dessertservice und Untersätze für Schüsseln angefertigt. Es gibt sie mit durchgehend und teilweise ausgestochenem Rand. Im letzteren Falle dienten die glatten oder rocailleartig reliefierten Schilder als Malgrund.

In diesem Zusammenhang seien auch die verschiedenen Geschirrteile erwähnt, die wie Früchte, Kohlköpfe oder Blumen modelliert und farbig staffiert sind. Der krasse Naturalismus dieser vom künstlerischen her anfechtbaren Kreationen hinterläßt einen zwiespältigen Eindruck. Dennoch mußte Kaendler 1769 für den Herzog von Anhalt-Dessau ein ganzes Service dieser Art, aus Tierformen und Gemüse

modellieren. Im Spätbiedermeier, als der Stil des zweiten Rokoko in hoher Blüte stand, griff man auf solche naturalisierenden Vorstellungen zurück.

Von allen Geschirrteilen waren es vor allem die Kannen und Tassen, deren Formen den Wandel des Geschmacks am stärksten mitmachten. Es würde jedoch im Rahmen unserer Abhandlung zu weit führen, den Fortgang dieser Entwicklung anhand von Beispielen zu illustrieren. Zusammenfassend läßt sich sagen, daß schon zu Zeiten Böttgers unter dem Einfluß der ostasiatischen Vorbilder und der heimischen Erzeugnisse der Goldschmiede Grundformen entstanden, die sich aus den Eigenschaften des Werkstoffs ergaben. Der Spielraum, den das Material dem Entwerfer und Former ließ, wurde der vorherrschenden Stilrichtung entsprechend voll genützt. Gewisse Einschränkungen, aber auch neue Modelle, brachten die Veränderungen, die sich beim Brand des Gutes einstellten.

In der Marcolinizeit traten architektonische Gesichtspunkte in den Vordergrund. Mit den zylindrischen, strengen Formen verzichtete man auf alle Möglichkeiten, die das geschmeidige, leicht formbare Material bot. Etwas Abwechslung brachten Gefäßformen aus der Antike, die man nachahmte, und die vorbildlichen Entwicklungen auf dem Gebiet der klassizistischen Geschirrkeramik Wedgewoods, die man kopierte.

Stilistische Ungereimtheiten ließen sich nicht vermeiden. An kugeligen Kannen und bauchigen Tassen, die man vorher allen schmückenden Beiwerks beraubt hatte, nehmen sich die eckigen Henkel recht absonderlich aus, die für die zylindrischen Formen entwickelt worden waren.

Um den Eindruck allzu großer Schlichtheit zu verwischen, übernahm man Elemente der reicheren Ornamentik des Empirestils, während die Formen selbst klassizistisch streng blieben. Als Beispiele sei auf die Tatzenfüße und Volutenhenkel bei Tassen, Knäufe in Form von Lorbeerkränzen auf Deckeln und die Schlangenhenkel der Kannen verwiesen. Das Porzellan paßte sich der fast puritanisch einfachen Wohnkultur des Bürgertums an; für den Adel, der sich mehr am repräsentativen Empirestil orientierte, und den gehobenen Anspruch erzeugte man Geschirre nach dem Vorbild Wedgewoods.

Die Meißner Manufaktur im 19. Jahrhundert

Daß Kühn kein gutes Haar an Marcolini läßt, ohne allerdings seinen Namen zu erwähnen, könnte zum Teil daran liegen, daß er, der Praktiker und Fachmann, in dem Grafen einen auf wirtschaftlichem wie technischem Gebiet wenig befähigten Emporkömmling sieht, in dessen Hände man die Geschicke der Manufaktur nie hätte legen dürfen.

Kühn hat Chemie und Jura studiert und gilt laut Walcha als »die markanteste Persönlichkeit im Manufakturgeschehen des neunzehnten Jahrhunderts«. Schon als Betriebsleiter bemüht er sich mit Erfolg um technische Verbesserungen und die Aufhebung der Geheimnistuerei um das Arkanum.

Tasse *und Untertasse. Antikisierende Form mit architektonisch gestaltetem Sockel. Kranz aus bunten naturalistisch gemalten Blumen auf beiden Teilen und Widmung auf der Untertasse*

Seinem Wirken ist es zu verdanken, daß Meißen die Qualitätsansprüche erfüllen kann, die in die Gestaltung des Wellington-Services gesetzt werden, und neben den Manufakturen Berlin, Wien und Sèvres zu bestehen vermag, die an diesem Großauftrag mitarbeiten.

Mit dem grünen Weinlaubdekor bringt Kühn 1817 ein zeitgemäßes Muster auf den Markt, das großen Zuspruch findet. Von nicht zu unterschätzender wirtschaftlicher Bedeutung ist Kühns Erfindung des Glanzgoldes. Es kommt glänzend aus dem Brand und erspart den bisher erforderlichen zeitraubenden Vorgang des Polierens. Diesem wirtschaftlichen Vorteil stehen jedoch künstlerisch-ästhetische Nachteile gegenüber; denn das Glanzgold erweist sich gegenüber dem

Poliergold bei häufigem Gebrauch der damit verzierten Gegenstände als weniger haltbar. Es reibt sich schneller ab, die Geschirrteile werden unansehnlich.

Trotz Steigerung der Produktion und einer Verbesserung der Qualität, was sich in einem zunehmenden Absatz niederschlägt, bleibt die Manufaktur ein Zuschußbetrieb. 1831 kann eine Betriebsschließung nur mit Mühe umgangen werden.

Die Verhältnisse bessern sich erst nach 1834, als zunächst bescheidene, dann allerdings immer ansehnlichere Gewinne ausgewiesen werden, die zum großen Teil in die Modernisierung des technischen Betriebs gesteckt werden. Die Umstellung von Holz- auf Kohlefeuerung ist längst überfällig und wird 1839 vollzogen. Aber erst 1853 tritt eine Dampfmaschine an die Stelle des bisher verwendeten Göpelantriebs.

Verwaltungs- und produktionstechnisch ist man also ein gutes

Geschenktasse *mit Untertasse. Tasse in klassizistischer Form, mit geschriebener Widmung: »Dem Andenken an 50 kraftvoll und treu durchlebte Dienstjahre des Königlich Sächsischen Oberlandweinmeisters Herrn Johann Martin Fleischmann gewidmet von den mit Demselben durch Dienstgeschäfte itzt und früher verbundenen Beamten des Königreichs und Herzogtums Sachsen.« Untertasse mit Blüten- und Früchtekranz und allegorischer Darstellung. Um 1820/1830*

Geschenktasse *mit Schlangenhenkel und Untertasse. Relief-Brustbild Martin Luthers vergoldet. Geschriebene Widmung auf Tasse und Untertasse und 1830 datiert*

Stück vorangekommen, auf künstlerischem Gebiet ist es eher schlimmer geworden als zu Zeiten Marcolinis. Schuld daran sind weniger die leitenden Persönlichkeiten der Manufaktur, als vielmehr der zur Zeit herrschende Geschmack.

Der Klassizismus hat sich ausgelebt, klingt allenfalls noch in Adelskreisen nach, die jedoch an Bedeutung und Einfluß verloren haben. Dem bürgerlichen Geschmack fehlt die gewachsene Tradition, das leitende Vorbild. Die Prachtentfaltung des Empirestils ist dem Bürger fremd geblieben. Bescheidung und Einfachheit gelten als die von den Kriegswirren und Notzeiten diktierten Tugenden. Und als es langsam

Ausstellungsstücke *der Meißner Manufaktur auf der Londoner Weltausstellung 1851: Formen und Reliefdekor vorwiegend im neugotischen Stil*

wieder aufwärts geht, hat man die Lebensweise der harten Zeit gründlich satt und mit ihr alles, was an die schlimmen Jahre erinnert. Man trennt sich nur allzu gern von den alten Möbeln, dem Hausrat. Mit ihnen verschwindet auch der Biedermeierstil.

Aber eine neue Richtung ist nicht in Sicht. Ihr fehlen der Boden, auf dem sie sich hätte entwickeln können, wie überhaupt alle Voraussetzungen. Man greift zurück auf die Formensprache vergangener Zeiten. Klassizismus, Rokoko, Barock, Renaissance werden übersprungen. Eine romantisierende Gotik wird modern und leitete eine stilistische Verwilderung ein.

Dies hat böse Folgen für alle jene Werkstoffe, die es in jener Zeit nocht nicht gegeben hat, aus der man die Stilanleihen bezieht. Porzellangeschirre mit gotischem Maßwerk und gotisierender Ornamentik sind eine kaum zu überbietende Geschmacksverirrung. Durch überreichliche Verwendung von Glanzgold werden sie nicht schöner.

Prunkgefäß als Deckelvase *im neugotischen Stil mit plastischer Verzierung und bunter Figurenmalerei auf der eingezogenen Gefäßwandung. Ausgestellt auf der Londoner Weltausstellung von 1851*

Während die Neugotik den Porzellanschaffenden so gut wie keine Entfaltungsmöglichkeit bietet, eröffnet ihr das zweite Rokoko, das in den vierziger Jahren aufkommt und den Porzellanstil bis zum Ende des Jahrhunderts bestimmt, ein weites und nahezu unbegrenztes Feld. An Formen und Ornamenten aus dem vergangenen Jahrhundert herrscht kein Mangel, die Anpassung an die Gegenwart gelingt mühelos, wenn auch ohne jeglichen künstlerischen Anspruch. Der Naturalismus, wie er sich schon zu Kaendlers Zeit bemerkbar gemacht hat, treibt üppige Blüten. Die Blume wird Form und Schmuck zugleich, das Porzellan wird zum reinen Malgrund degradiert.

Deckelurne *nach antikem Vorbild mit klassizistischem plastischem Dekor und bunter Bemalung. Ausstellungsstück für London 1851*

Eine Entwicklung auf künstlerischem Gebiet läßt sich an diesen in großer Zahl hergestellten Gegenständen nicht aufzeigen. Sie dienen der Befriedigung eines großen Bedarfs.

Interessanter ist die Beobachtung der Selbstdarstellung der Manufaktur auf den Weltausstellungen. Die erste dieser internationalen Ausstellungen findet 1851 in London statt. Meißen präsentiert vorwiegend Prunkstücke im Neugotischen Stil und steht völlig im Schatten der Produktion aus Sèvres, die laut offiziellem Bericht die aller anderen ausstellenden Manufakturen an Schönheit und Qualität überragt. Wilhelm Hamm führt dies darauf zurück, daß »die Manufactur

Große Vase *von antikisierender Form. Die umlaufende bunte Bemalung stellt Diana und ihr Gefolge beim Bad dar, nach dem Gemälde von Alessandro Albani in der Dresdner Galerie. Ausstellungsstück auf der Londoner Industrie-Ausstellung 1862*

Prunkkanne *im Stil des zweiten Rokoko, nach einem Modell von Kaendler aus der Serie der vier Elementevasen von 1741*

zu Sèvres alljährlicher Staatszuschüsse von vielen Hundertausenden bedarf, um eine Höhe zu halten, welche am Ende doch nur eine imaginäre ist«, wohingegen Meißen nicht nur keine Unterstützung erhält, »sondern noch einen jährlichen hohen Reingewinn abwirft«.

Als die Autoren des illustrierten Katalogs der Londoner Ausstellung vor ihrer Eröffnung die Manufaktur in Meißen besuchen, ist ihre Enttäuschung nicht gering bei der Feststellung, unter welch bescheidenen Umständen hier gearbeitet wird (*comparatively limited scale on which these royal porcelain works are conducted*), und besonders erstaunt sind sie über die niedrigen Löhne der Künstler und Arbeiter (*many of whom are men of first-rate talent*). Sie vergleichen die Löhne mit denen der englischen Manufaktur-Mitarbeiter und kommen zu dem Schluß, daß die englischen Hersteller gegen die Konkurrenz keine Chance hätten, wenn sie ihre Leute ebenso schlecht bezahlen würden. Das künstlerische Abschneiden Meißens in London wird allgemein als kläglich bezeichnet.

Gängige Ware gibt es in gediegener Ausführung, aber unter dem

Drei Ziervasen *nach antikem Vorbild mit figürlicher Bemalung. Ausgestellt in London 1862*

Staub der nach keiner Richtung hin zu entwickelnden Rokokoformen und -muster ersticken die Versuche, auf eine künstlerische Erneuerung hinzuarbeiten, schon im Ansatz. Steigerungsfähig ist nur die Ausschmückung, und indem man diese recht üppig gestaltet, meint man die großen Leistungen des 18. Jahrhunderts nachvollziehen zu können. Das Ergebnis ist eine Scheinwirkung, auf das Äußerliche beschränkt, und eine erdrückende Überladung. Selbst anerkannten Künstlern wie Johann Gottfried Dreßler und Ernst August Leuteritz, der 1849

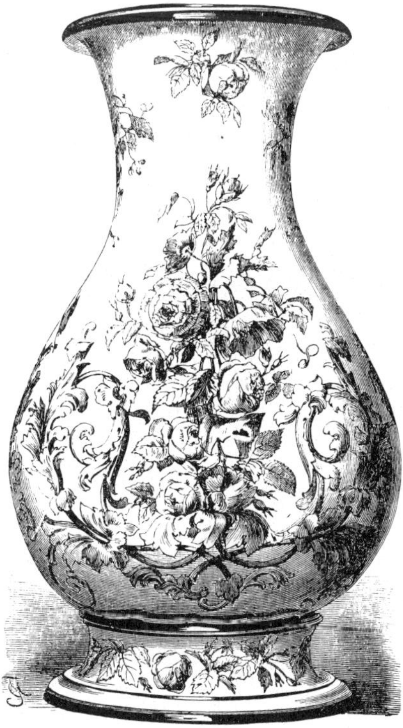

Vase im Renaissance-Stil *mit naturalistischer Blumenmalerei. Ausstellungsstück für London 1862*

Bologneser Hündchen *mit naturalistischer Bemalung. Nach einem Kaendler-Modell (vergleiche Abbildung Seite 128). 2. Hälfte 19. Jahrhundert*

Dreßler als Vorsteher bei der Gestaltung ablöst, gelingt es nicht, aus der zwanghaften Enge auszubrechen.

Das Ergebnis der Londoner Ausstellung scheint auf Meißen wie eine kalte Dusche gewirkt zu haben. Anstrengungen, den Ruf der Manufaktur wieder herzustellen, bringen 1854 auf der Münchner Kunstgewerbe- und Industrieausstellung und 1855 auf der Pariser Weltausstellung erste Erfolge.

Krinolinengruppe, *Vater, Mutter und Kind. Im Stil des 18. Jahrhunderts. 2. Hälfte 19. Jahrhundert*

In den sechziger Jahren setzt sich der Aufschwung fort, an dem neben anderen der Nazarener Julius Schnorr von Carolsfeld nicht unmaßgeblichen Anteil hat. Auf seinen Entwürfen beruhen die Malereien einer Anzahl von Prunkvasen, die 1862 in London gezeigt und bewundert werden. Das Urteil eines Zeitgenossen, des Verfassers des »Illustrirten Katalogs der Londoner Industrie-Ausstellung von 1862«, Dr. Wilhelm Hamm, mag zwar nicht ganz frei von Patriotismus sein, vermittelt jedoch einen unverfälschten Eindruck. Neben Vasen im Stil der Antike hebt er solche hervor, deren Formen mittelalterliche Majolikagefäße in echter Porzellanmasse nachahmen. Mit Stolz kann Hamm feststellen, daß die älteren Majoliken hinsichtlich ihrer technischen Vollendung »bei weitem nicht mit dem heutigen Porzellan wetteifern« können, und führt »die beiden etwa $2^1/_2$ Fuß hohen meißener Majoliken« an, »welche nach Director Schnorr's anmuthigen Compositionen besonders für die Ausstellung gefertigt wurden. Die ganze Oberfläche derselben ist matt gehalten, wie dies der Charakter der Majolika bedingt, unterbrochen durch glänzende Facetten, welche eingesetzte Edelsteine repräsentiren, und bemalt mit herrlich gedachten mythisch-allegorischen Figuren«.

Gruppe mit Dame und Kindern *nach einem Modell von Victor Acier, mit leuchtenden Farben bunt bemalt. Drittes Viertel 19. Jahrhundert*

◁ Dame mit zwei Möpsen *nach dem Kaendler-Modell um 1740 (vergleiche Abbildung Seite 124). 2. Hälfte 19. Jahrhundert*

Hamms Bericht ist auch im weiteren sehr aufschlußreich und enthält interessante Details, die über den damals herrschenden Geschmack Aufschluß geben:

Kaminuhr *im klassizistischen Stil. Gehäuse mit korinthischen Säulen. Bunt bemalt und farbig staffiert.* Mitte 19. *Jahrhundert*

»Nicht mindere Aufmerksamkeit als die antiken Nachbildungen verdienen aber auch die neuern Gefässe, welche aus der meissener Manufactur hervorgehen. Die Mannichfaltigkeit der Formen und Verzierungen derselben ist ungemein gross. Von den einfachsten, in sogenanntem chinesischem Geschmack blos mit blauen Ranken und Blümchen bemalten Servicen an — wie man sie noch häufig in altmodischen Glasschränken aufbewahrt sieht, und wie sie vielleicht gerade desshalb noch heute besonders in der Gunst des Publikums stehen — bis zu den reichstvergoldeten und bemalten, ist eine seltene Mustersammlung ausgestellt. Besonders hervorzuheben darunter ist ein wunderschön ausgeführtes Service mit antiken, gemmenartigen Medaillons und Nachbildungen der Arabesken Rafaelischer Loggien, nach Zeichnungen von Professor Gruner in Dresden. Interessant ist ein anderes Service aus dem sogenannten Musselinporzellan, bei dessen Herstellung die Masse zu der möglichsten, kaum glaublichen Dünnheit ausgetrieben wird, so dass die gebrannten Gefässe nachher halb durchsichtig, von eierschalenähnlicher Dicke erscheinen. Hierbei gilt es vorzüglich, die Kunst des Betriebs zu zeigen, da natürlich derartige Porzellane, in welchen die Chinesen Meister sind, nur äusserst schwierig hergestellt werden können, daher in hohem Preise stehen, hingegen ihrer Zerbrechlichkeit halber nur als Curiositäten angekauft werden.«

Hamm fährt in seiner Aufzählung fort und berichtet von »einem wahren Bijou, einer Vase im Renaissancestil; sie gehört unstreitig mit zu dem Besten. Diese Vase oder dieser Krug, wie man besser sagen würde, ist mit fast ätherisch zart ausgeführten, wunderschön componirten Rosen und Arabesken geschmückt und erscheint als reizendes Decorationsstück erster Gattung. Noch künstlicher und effectvoller sind zwei zusammengehörige Vasen im veredelten Renaissancestil. Dieselben, etwa zwei Fuss hoch, haben doppelte Wandungen, von welchen die äussere durchbrochen ist, sodass die mit äusserst zart modellirten Rosen verzierte innere Wand hindurchschimmert. Die kunstvolle Durchführung sowie die ausserordentlich vielfältige und überaus fein durchdachte Gliederung dieser Gefässe, erregen den ungetheiltesten Beifall.«

Eine prunkvolle Kaminverkleidung »im veredelten Rococostil« für 2000 Taler — ein laut Hamm durchaus niedriger Preis »in Anbetracht des Materials und der darauf verwendeten Kunst«, sowie verwandte Gegenstände schließen sich an.

»Auch zwei Schmuckkästchen im Renaissancestil mit besonders reicher Vergoldung wollen hervorgehoben sein. Ganz bedeutende Meisterschaft zeigen aber die kleinen Figuren, Statuetten, Nippsachen, deren Anfertigung seit ältester Zeit ein Glanzpunkt der meissener Ateliers ist. Die Modelle dieser allerliebsten Gegenstände, nach deren Besitz in der ganzen Welt trachtet, wer nur irgend etwas Luxus treibt, belaufen sich auf viele Tausende. Die für die Industrieausstellung getroffene Auswahl ist eine vortreffliche zu nennen. Den Beifall des grössern Publikums findet hauptsächlich eine mit dem köstlichsten Humor ausgeführte Gruppe von Musikern; nicht minder hübsch ist aber eine Suite von Amoretten in allen möglichen Situationen. Um die Meisterschaft der Darstellung zu begreifen, genügt es für den Laien, die täuschende Naturwahrheit zu beobachten, mit welcher z. B. die feinsten Spitzen u. dgl. in Porzellan nachgebildet sind; der Kenner wird sich vorzugsweise erfreuen an der trefflichen Modellirung im einzelnen und an der künstlerischen Auffassung der Gruppen und Figuren. Mehrere der ersteren sowie auch die Statuette eines antiken Ganymed sind durchaus weiss ausgeführt, aber in einer solchen Feinheit und Reinheit der Porzellanmasse, wie diese bisher noch kaum irgendwo herzustellen gelungen ist. Auch diese neue Praxis ist das Ergebniss wissenschaftlich vorbereiteter, in dem Laboratorium der Anstalt ausgeführter Versuche. — Nicht unerwähnt dürfen wir lassen, dass die Malerateliers der meissener Porzellanmanufactur in verschiedenen Branchen so Ausgezeichnetes und Originelles leisten wie wenige andere. Dahin gehören vorzugsweise ihre Blumen- und Fruchtstücke, welche sie denn auch mit einiger Vorliebe zur Decoration verwenden. Es hat sich in ihnen eine Manier dieser Malerei herausgebildet, welche ihre Vorzüge in einer glücklichen Verschmelzung des Realismus und Idealismus, sowie in einer ganz besonders fleissigen Ausführung begründet. So sind die gemalten Services in dieser Gattung wahre Cabinetsstücke. Eine besondere, durchaus neue und originelle Art der Verzierung macht sich bei verschiedenen der Ausstellungsobjecte erfreulich bemerkbar; dieselbe besteht aus hellblauen, goldumrissenen Arabeskenverschlingungen auf dunkelblauem Grund. Vorzugsweise werden auf solche Art die Randeinfassungen der Services verziert.«

Solitaire *mit Tablett. Königsblauer Fond. In den Kartuschen Architektur- und Blumenmalerei. Gefäßformen nach Vorbildern aus dem 18. Jahrhundert. Ende 19. Jahrhundert*

Nachdem 1858 beschlossen worden war, die Manufaktur aus der Albrechtsburg in einen noch zu errichtenden Neubau im Triebischtal zu verlegen, dauert es noch sieben Jahre, bevor die Erzeugung in den modernen Gebäuden in vollem Umfang aufgenommen werden kann. Erhebliche Summen aus dem Betriebsgewinn werden für Investitionen verwendet. Sie zahlen sich nach Kühns Tod 1870 aus.

Nachfolger Kühns wird Moritz Oskar Raithel, nach Walcha »ein völlig amusischer, rein kommerziell orientierter Leiter des Werkes«. In diesen Eigenschaften unterscheidet er sich nicht von den meisten Werksdirektoren und Fabrikbesitzern der Gründerzeit. Der wirtschaftliche Erfolg steht vorrangig vor allen anderen Überlegungen. Um ihn zu erreichen und zu sichern, gilt es, Produktion und Absatz zu fördern, Kosten zu senken und Risiken zu meiden. Da künstlerisches Schaffen stets mit der Gefahr verbunden ist, auf den Massenabsatz hemmend zu wirken, bietet man ihm erst gar keine Entfaltungsmöglichkeiten. Raithel hält sich an das zweite Rokoko, das aus der Porzellanproduktion in der zweiten Hälfte des 19. Jahrhunderts, auch als sich im Kunstgewerbe längst der Stil der »deutschen« Renaissance durchgesetzt hat,

Teller *mit naturalistischer Früchtemalerei in bunten Farben und Rokokospitzenmuster. Um 1880*

Allegorische Gruppe *aus Biskuit-Porzellan nach der Skulptur »Die Nacht« von Johannes Schilling. Um 1870* ▷

nicht mehr wegzudenken ist. Und seine Geschäftspolitik ist erfolgreich. Kaendlers Werk wird nach modernen Gesichtspunkten vermarktet und exportiert, vor allem nach Amerika und England, wo das europäische Rokoko eine verspätete Nachblüte erlebt. Der Vorrat an alten Formen, bei der Geschirrproduktion wie bei der Figurenplastik,

erweist sich als unerschöpflich. Was sich nicht verkaufen läßt, wird aussortiert, alles andere wird abgeformt, wobei man allzu Aufwendiges vermeidet oder wegläßt und dem Zeitgeschmack entsprechend »schöner« macht. Man schwelgt in den Farben, das Weiß des Porzellans stört, wirkt unfertig, deshalb deckt man es mit grellen Schmelzfarben zu. Bei der technisch hoch entwickelten Dekormalerei überwiegt die Vorstellung, daß Porzellan nichts anderes als eine Art Leinwand sei und nur als Ersatz dafür zu dienen habe.

Dennoch entstehen im letzten Viertel des 19. Jahrhunderts Arbeiten, deren künstlerische Bedeutung anerkannt wird. Walcha erwähnt den Aquarell- und Blumenmaler Julius Eduard Braunsdorf und seine geschmackvollen Blumenstilleben, mit denen er »dem Meißner Scherben wieder zu seinem Recht verholfen« hat.

Der ernsthafte Sammler Meißner Porzellans hat sich bis heute an der Sammeltätigkeit der Museen und den dort ausgestellten Gegenständen orientiert. Das späte 18. und das ganze 19. Jahrhundert wurden bisher nur am Rande oder überhaupt nicht berücksichtigt. Die Literatur, ausgenommen Otto Walchas umfassendes Werk »Meißner Porzellan«, geht nicht darauf ein. Aber je mehr wir uns mit dem vergangenen Jahrhundert beschäftigen, uns beschäftigen müssen, weil es unsere Zeit in starkem Maße geprägt hat und immer noch in sie hineinwirkt, desto größer wird auch die Aufmerksamkeit werden, die wir dem Kunstgewerbe oder den Erzeugnissen der Kunstindustrie des 19. Jahrhunderts entgegenbringen.

Die Marken

Nachgebildete chinesische Marken auf Böttger-Steinzeug.

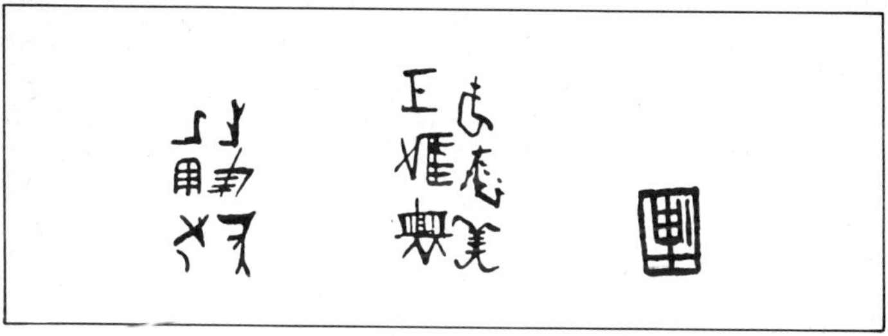

Nachbildungen chinesischer und japanischer Marken auf frühem Meißner Porzellan (nach Berling)

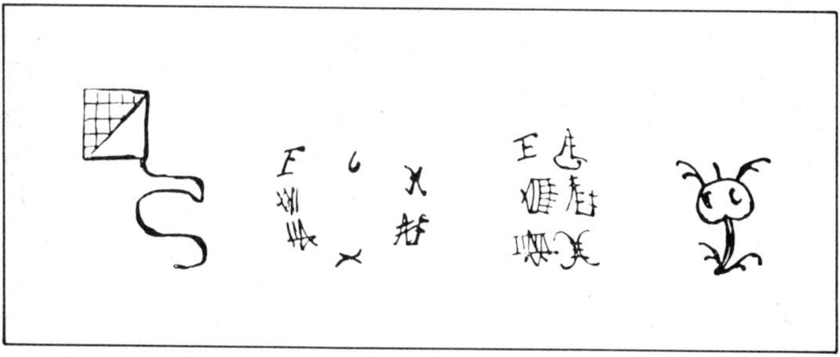

Nachbildungen ostasiatischer Marken auf Meißner Porzellanstücken aus der ehemaligen Sammlung C. H. Fischer, Dresden (nach Doenges). Die Marke ganz links fand sich auf einer Flasche mit gelbem Fond, kann daher nicht vor 1725 entstanden sein. Berling sieht den Grund für diese Nachbildungen darin, daß diese Stücke aus Meißen als ostasiatische Porzellane verkauft werden sollten. Demnach scheint man sie in erster Linie in Täuschungsabsicht auf das Porzellan gemalt zu haben.

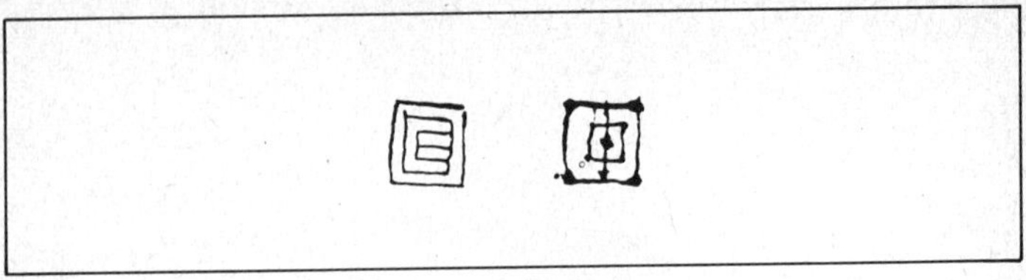

Marken aus den Jahren 1716 und 1718 (nach Graesse)

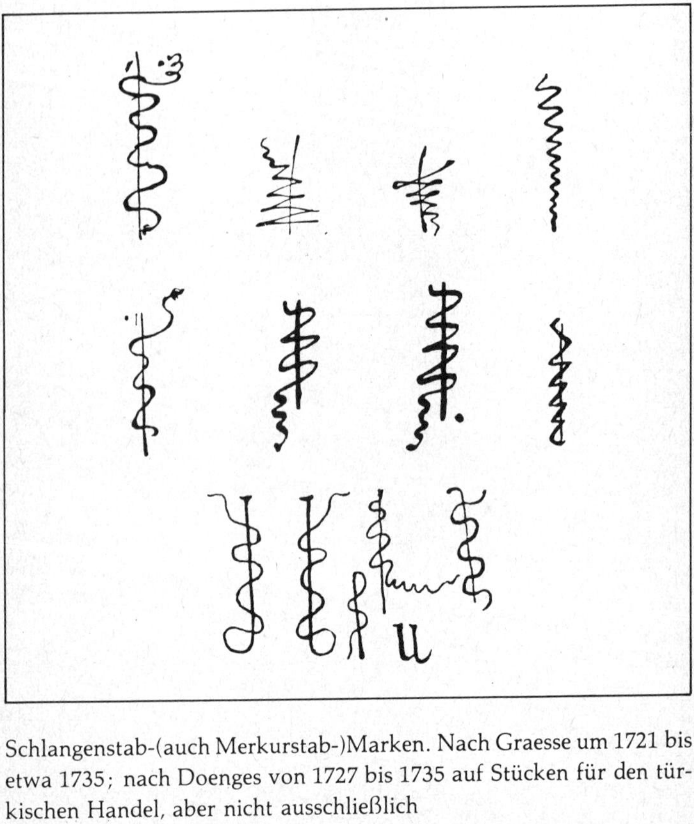

Schlangenstab-(auch Merkurstab-)Marken. Nach Graesse um 1721 bis etwa 1735; nach Doenges von 1727 bis 1735 auf Stücken für den türkischen Handel, aber nicht ausschließlich

Augustus-Rex-Marken, 1723 bis 1740

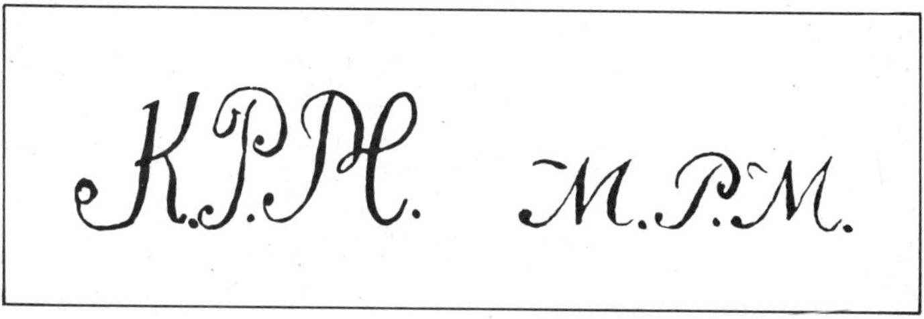

Königliche Porzellan Manufaktur und Meißner Porzellan Manufaktur; Kennzeichnung auch neben Nachbildungen chinesischer und japanischer Marken. Bei Servicen nur auf Kanne und Zuckerdose anzutreffen. Von 1723 bis 1730

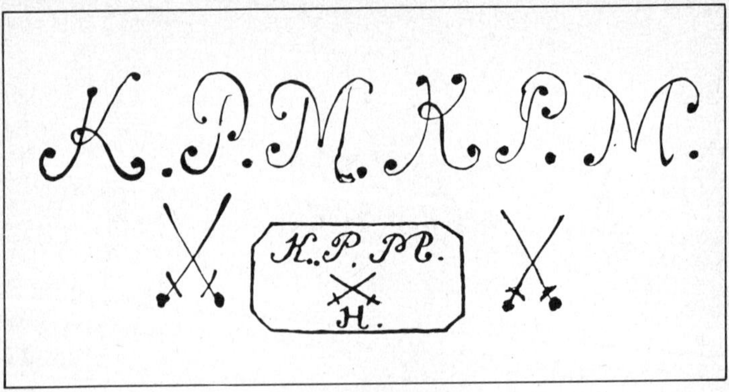

Buchstaben und Schwertermarken zwischen 1725 und 1730

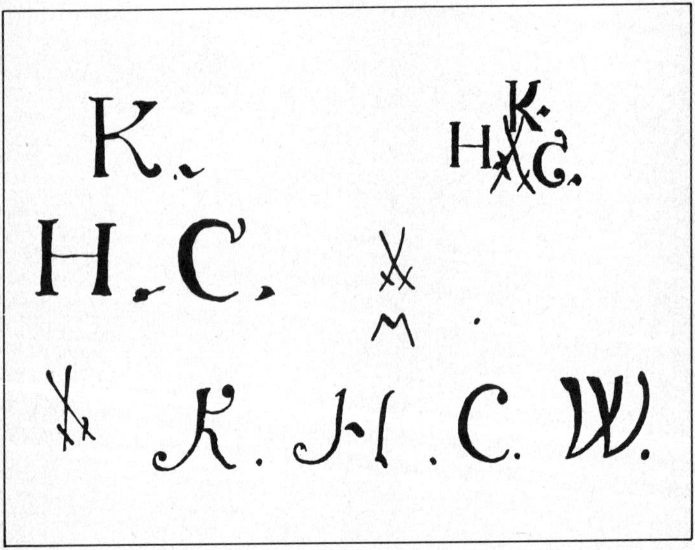

Marken der Hofservice, neben der unterglasurblauen Schwertermarke in Purpurfarbe über der Glasur. KHC = Königliche Hof Conditorei; KHCW = Königliche Hof Conditorei Warschau

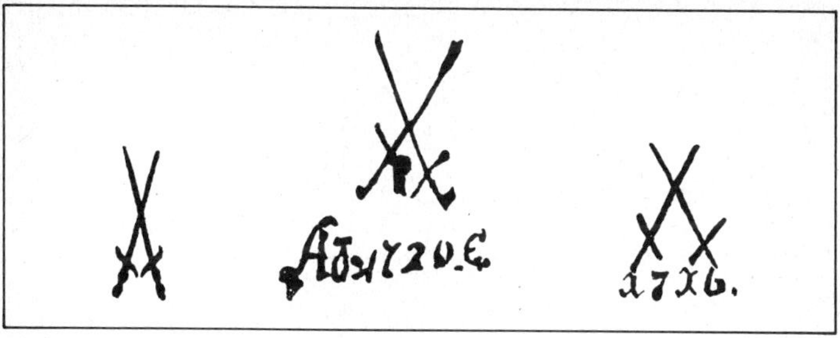

Schwertermarke seit etwa 1730, frühestens seit 1725. Ab 1740 ausschließlich

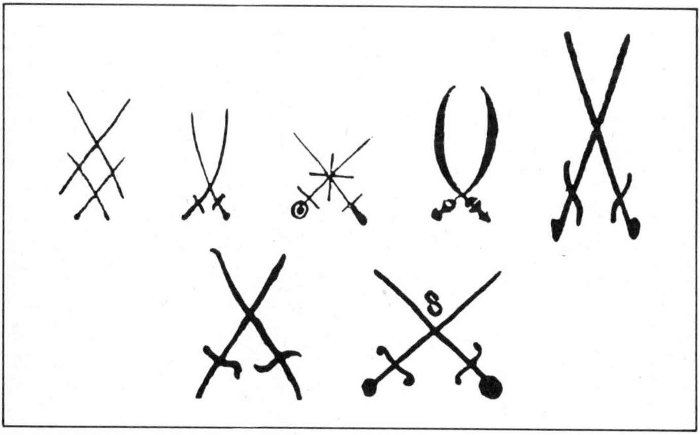

Frühe Höroldt- und Kaendler-Zeit

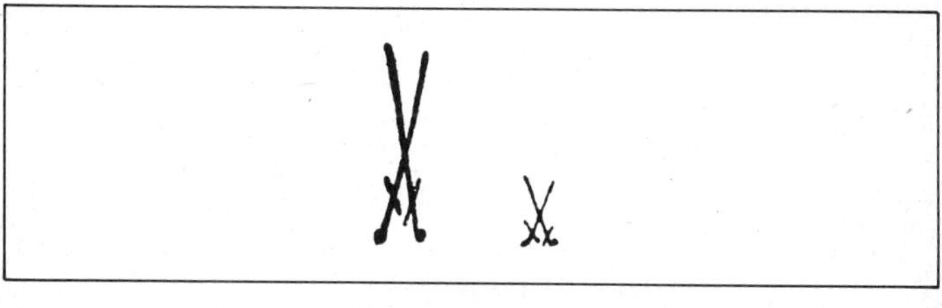

Schwanenservice 1737—1741

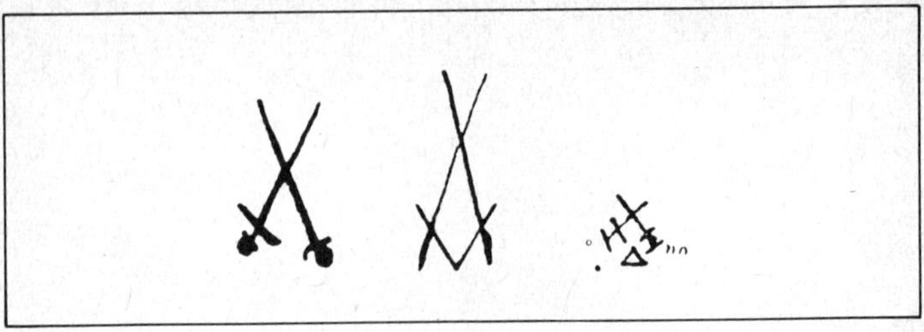

Zwischen 1750 und 1756

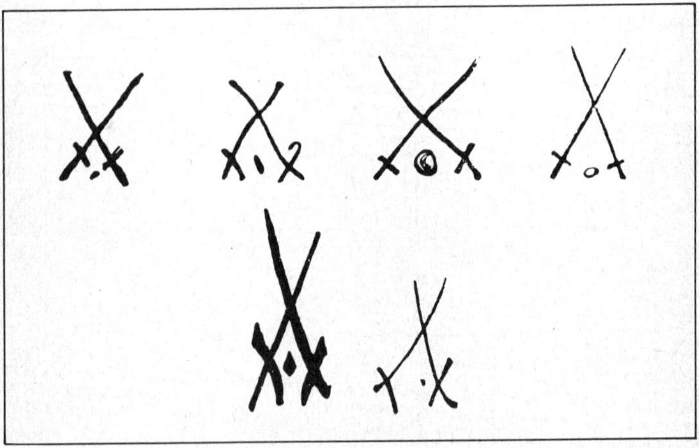

Zwischen 1756 und 1780 (nach Berling)

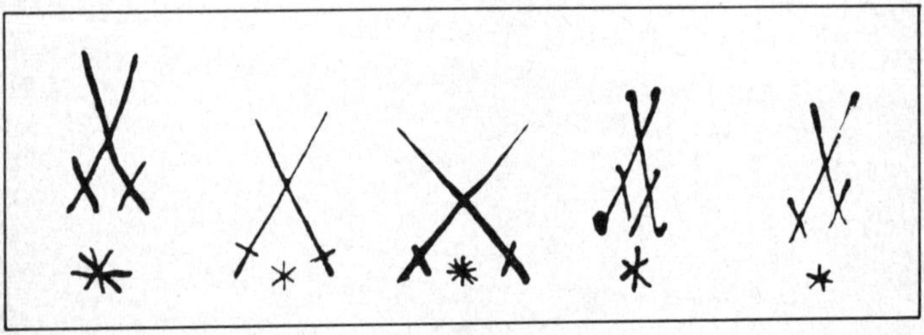

Zwischen 1780 und 1816 (nach Berling)

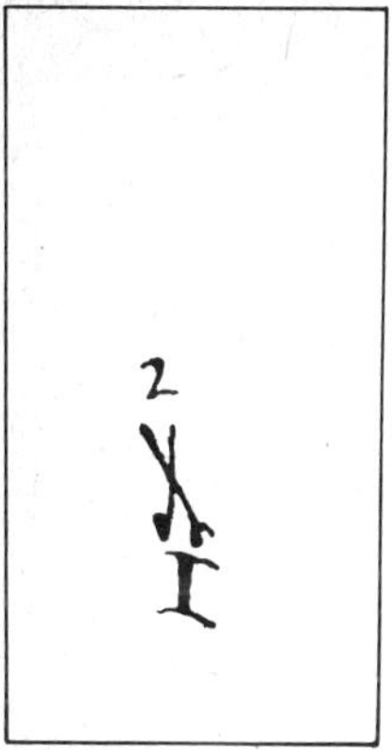

Nach 1816
bis etwa 1830

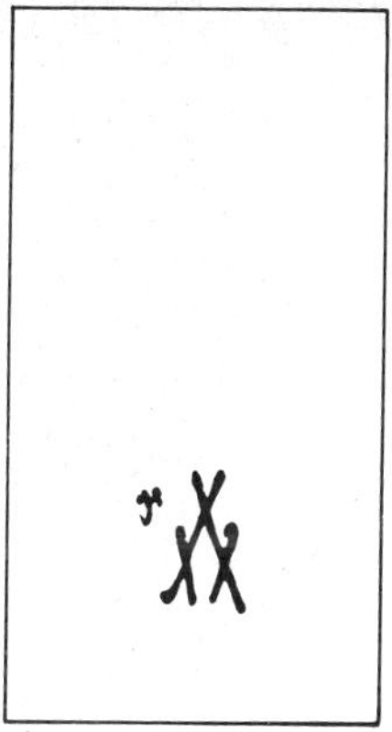

Nach 1830

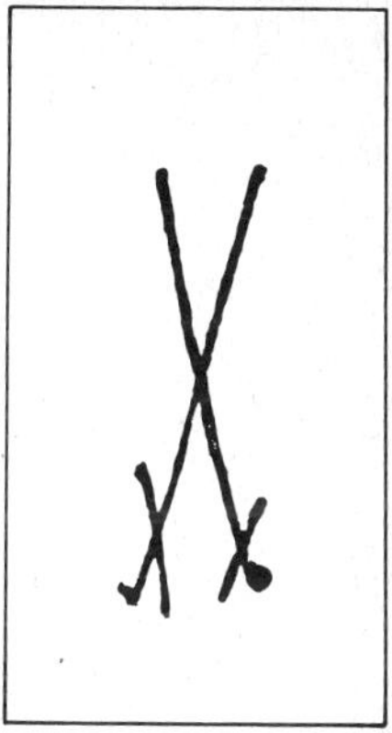

Ab etwa 1860

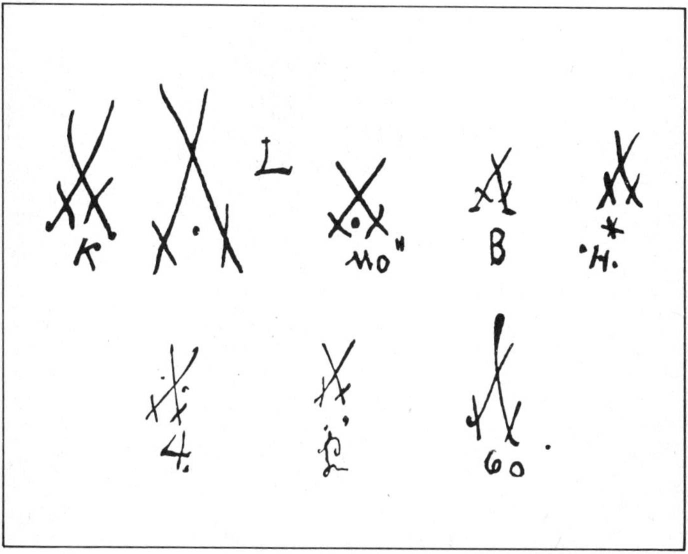

Schwertermarken mit Buchstaben und Zahlen (nach Doenges)

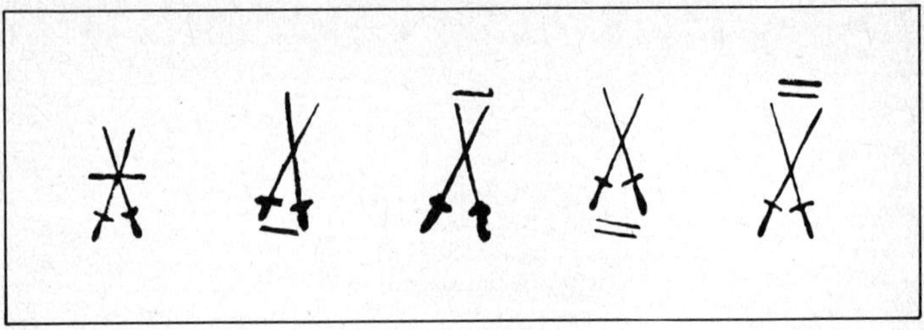

Qualitätszeichen bei unbemaltem Porzellan, seit etwa 1760 (nach Berling). Horizontalstriche eingeritzt
1. fehlerfreies Stück; 2. und 3. Mittelgut (Ausschuß); 4. und 5. Brack

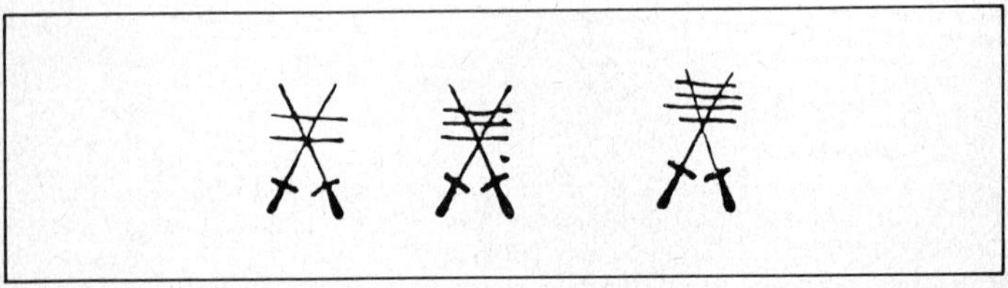

Qualitätszeichen für bemaltes Porzellan, seit etwa 1760 (nach Berling)
1. zweite Wahl (Ausschuß); 2. dritte Wahl (Brack); 3. »unscheinbare« Stücke

Anmerkungen

1 Gustav Weiß, Ullstein Porzellanbuch, Seite 183.
2 Friedrich H. Hofmann, Das Porzellan, Seite 52.
3 Friedrich H. Hofmann, Das Porzellan, Seite 52.
4 Friedrich H. Hofmann, Das Porzellan, Seite 55.
5 Erklärung nach Oberbergrat Dr. Heintze, technischer Direktor der Meißner Porzellanmanufaktur. Zitiert nach Doenges, Meißner Porzellan.
6 Aus einem Brief an seine Mutter aus dem Jahr 1697.
7 Carl August Engelhardt, Johann Friedrich Böttger, Erfinder des Sächsischen Porzellans. Biographie aus authentischen Quellen. Leipzig 1837. — Engelhardt schreibt, daß Böttger nie in den Freiherrnstand erhoben worden sei und nur Untergebene und Schmeichler ihn mit »Baron« anredeten.
8 Willy Doenges, Meißner Porzellan, Seite 29.
9 Friedrich H. Hofmann, Das Porzellan, Seite 59.
10 Otto Walcha, Meißner Porzellan, Seite 21.
11 Otto Walcha, Meißner Porzellan, Seite 20 und 21.
12 Zitiert nach Friedrich H. Hofmann, Das Porzellan, Seite 66.
13 Otto Walcha, Meißner Porzellan, Seite 29.
14 Willy Doenges, Meißner Porzellan, Seite 190 mit Marken.
15 Siegfried Ducret, Deutsches Porzellan, Seite 48 und 49 mit Abbildung.
16 Eine ähnlich dekorierte Kanne ist bei Walcha unter Nummer 15 abgebildet.
17 Siegfried Ducret, Deutsches Porzellan, Seite 51.
18 Rainer Rückert, Meißner Porzellan, Seite 56: »... eine nach japanischem Vorbild aus Knallgold hergestellte Perlmutt-Lüsterfarbe, die metallisch opalisierend glänzt und meist nach Violett oder Rot spielt«.
19 Friedrich H. Hofmann, Das Porzellan, Seite 210.
20 Otto Walcha, Meißner Porzellan, Seite 48.
21 Siegfried Ducret, Keramik und Graphik, Abbildung 360.
22 Siegfried Ducret, Keramik und Graphik, Abbildungen 363 und 364.
23 Rainer Rückert, Meißner Porzellan, Abbildung Nummer 129.
24 Siegfried Ducret, Keramik und Graphik, Abbildung Nummer 357.
25 Siegfried Ducret, Keramik und Graphik, Abbildung Nummer 393. Aus der Sammlung Dr. Schneider, Lustheim.
26 Otto Walcha, Meißner Porzellan, Seite 57.
27 Siegfried Ducret, Deutsches Porzellan, Abbildung Seite 54.
28 Highly Important Early Continental Porcellain, Versteigerungskatalog, Abbildung Nummer 3 und 4.
29 Rainer Rückert, Meißner Porzellan, Katalognummer 226, Abbildung Tafel VI.
30 Willy Doenges, Meißner Porzellan, Tafel II.
31 Otto Walcha, Meißner Porzellan, Abbildungen 48 und 47.
32 Rainer Rückert, Meißner Porzellan, Katalognummer 222 und 223 mit Abbildungen.
33 Hugo Morley-Fletcher, Porzellan aus Meißen, Seite 17.
34 Willy Doenges, Meißner Porzellan, Seite 163 ff.
35 Siegfried Ducret, Meißner Porzellan bemalt in Augsburg, Band 1, Abbildung Nummer 104.

36 Otto Walcha, Meißner Porzellan, Abbildung Nummer 40, Siegfried Ducret, Deutsches Porzellan, Seite 58, Abbildung Nummer 6 und Gustav Weiß, Ullstein Porzellanbuch, Seite 68.
37 Friedrich H. Hofmann, Das Porzellan, Seite 173.
38 Siegfried Ducret, Deutsches Porzellan, Seite 56 und 57.
39 Otto Walcha, Meißner Porzellan, Seite 68.
40 Otto Walcha, Meißner Porzellan, Seite 69 ff.
41 Siegfried Ducret, Meißner Porzellan bemalt in Augsburg, 2 Bände. Braunschweig, 1971 und 1972.
42 Gustav E. Pazaurek, Deutsche Fayence- und Porzellan-Hausmaler, 2 Bände. Leipzig 1925 und Stuttgart 1971.
43 Gustav Weiß, Ullstein Porzellanbuch, Berlin 1964 und 1973.
44 Siegfried Ducret, Meißner Porzellan bemalt in Augsburg, Band 1, Abbildung 279.
45 Aus Sammlung Carl Jourdan, Versteigerung bei Lepke, Berlin, im Oktober 1910.
46 Michael Newman, Die deutschen Porzellan-Manufakturen, Seite 180 bis 207.
47 Otto Walcha, Meißner Porzellan, Abbildung Nummer 75.
48 Johann Georg Keyßlers neueste Reisen durch Deutschland, Hannover 1740.
49 Otto Walcha, Meißner Porzellan, Abbildung 79.
50 C. L. W. von Pöllnitz, Das Galante Sachsen, Frankfurt 1739.
51 Otto Walcha, Meißner Porzellan, Abbildung Nummer 89 und 90.
52 Hugo Morley-Fletcher, Porzellan aus Meißen. Auf Seite 83 ist die Figur des Gärtners nach den »Cris de Paris« abgebildet.
53 Eine Türkin in Vergißmeinnicht-Laube um 1750 ist bei Morley-Fletcher, Porzellan aus Meißen, auf Seite 90 abgebildet.
54 Hugo Morley-Fletcher, Porzellan aus Meißen, Abbildung Seite 85.
55 Versteigerung Christie's, London, November 28, 1977, Fine Continental Porcelain, Farbtafel und zahlreiche Fotos.
56 Siegfried Ducret, Deutsches Porzellan, Seite 14.

Fotovermerk

Christie, Manson & Woods, Ltd., London
Abbildungen Seite 9, 10, 12, 15, 16, 53, 54, 55, 58, 59, 62, 63, 64, 68, 70, 71, 72, 75, 76, 78, 79, 83, 85, 86, 87, 90, 91, 98, 99, 106, 107, 114, 123, 126, 127, 131, 154, 155, 161, 174, 175, 178, 179, 183, 184, 191, 194, 199, 201, 202, 203, 210, 211, 214 und Fotos auf dem Umschlag

Auktionshaus Neumeister KG., München
Abbildungen Seite 29, 43, 133, 146, 152, 164, 170, 181, 185, 187

Heinz Reichert, Freiburg
Abbildungen Seite 56, 57, 67, 95, 212

Sotheby's Belgravia, London
Abbildungen Seite 227, 230, 231, 232, 233, 234, 235, 236, 237

Auktionshaus Michael Zeller, Lindau
Abbildungen Seite 219, 220, 221

Literatur- und Quellenverzeichnis *

(Quellen im Text und in den Anmerkungen teilweise abgekürzt wiedergegeben)

Carl Albiker, Die Meißner Porzellantiere im 18. Jahrhundert. Berlin 1935 und 1959
Karl Berling, Das Meißner Porzellan und seine Geschichte. Leipzig 1900
—, Festschrift zur 200jährigen Jubelfeier der ältesten europäischen Porzellanmanufaktur Meißen, 1710—1910. Leipzig 1911
Ludwig Dankert, Handbuch des europäischen Porzellans. München 1954
Willy Doenges, Meißner Porzellan, seine Geschichte und künstlerische Entwicklung. Marquardt & Co., Berlin 1907
Franz Adrian Dreier und Peter Wilhelm Meister, Figürliche Keramik aus zwei Jahrtausenden. Museum für Kunsthandwerk Frankfurt am Main. Frankfurt 1963
Siegfried Ducret, Deutsches Porzellan. Pawlak Verlag, Herrsching 1962 und 1974
—, *Keramik und Graphik* des 18. Jahrhunderts. Klinkhardt & Biermann, Braunschweig 1973
—, *Meißner Porzellan bemalt in Augsburg,* 1718 bis um 1750, Band 1 und 2. Klinkhardt & Biermann, Braunschweig 1971 und 1972
Otto von Falke, Katalog der Sammlung C. H. Fischer (Dresden). Köln 1906
J. G. Th. Graesse und E. Jaennicke, Führer für Sammler von Porzellan und Fayence, 22. Auflage. Klinkhardt & Biermann, Braunschweig o. J.
Ingelore Handt und Hilde Rakebrand, Meißner Porzellan des 18. Jahrhunderts, 1710—1750. Dresden 1956
Friedrich H. Hofmann, Das Porzellan der europäischen Manufakturen im XVIII. Jahrhundert. Propyläen-Verlag, Berlin 1932
William P. Honey, Dresden China. London 1954
Ingelore Menzhausen und Friedrich Reichel, Staatliche Kunstsammlungen Dresden: Porzellansammlung im Zwinger. Dresden 1962
Hugo Morley-Fletcher, Porzellan aus Meißen. Ebeling Verlag, Wiesbaden 1971
Waltraud Neuwirth, Porzellanmaler-Lexikon 1840—1914, Band 1 und 2. Klinkhardt & Biermann, Braunschweig 1977
Michael Newman, Die deutschen Porzellan-Manufakturen im 18. Jahrhundert, Band 1 und 2. Klinkhardt & Biermann, Braunschweig 1977
Gustav E. Pazaurek, Deutsche Fayence- und Porzellan-Hausmalerei, Band 1 und 2. Leipzig 1925 und Stuttgart 1971
—, Meißner Porzellanmalerei des 18. Jahrhunderts. Stuttgart 1929
Otto Pelka, Alt-Meißen. Leipzig 1923
Hilde Rakebrand, Meißner Tafelgeschirr des 18. Jahrhunderts. Darmstadt 1958
Rainer Rückert, Meißner Porzellan 1710—1810. Ausstellung im Bayerischen Nationalmuseum München. München 1966
Robert Schmidt: Frühwerke europäischer Porzellanmanufakturen: Sammlung Otto Blohm. München 1953

---

* Die kursiv gedruckten Titel sind im deutschen Buchhandel erhältlich, alle anderen nur mehr antiquarisch.

L. Schnorr von Carolsfeld, Porzellan der europäischen Fabriken des 18. Jahrhunderts, Bibliothek der Kunst- und Antiquitätensammler Band 3. Richard Carl Schmidt & Co., Berlin 1912
L. Schnorr von Carolsfeld/Erich Köllmann, Porzellan der europäischen Fabriken, Band 1 und 2. Klinkhardt & Biermann, Braunschweig 1974
Arno Schönberger, Meißner Porzellan mit Höroldt-Malerei. Darmstadt 1953
Otto Walcha, Meißner Porzellan. VEB Verlag der Kunst. Dresden 1973
Gustav Weiß, Ullstein Porzellanbuch, eine Stilkunde und Technikgeschichte des Porzellans mit Markenverzeichnis. Verlag Ullstein GmbH., Berlin 1964 und 1973
Ernst Zimmermann, Meißner Porzellan. Leipzig 1926
—, Die Erfindung und Frühzeit des Meißner Porzellans. Ein Beitrag zur Geschichte der deutschen Keramik. Berlin 1908

HEYNE BÜCHER

Antiquitäten

Die preiswerteste Möglichkeit für den Antiquitätensammler und -liebhaber, sich über Stilrichtungen, Qualitäts- und Preismerkmale eingehend zu informieren. Jeder Band dieser bemerkenswerten Taschenbuchreihe ist reichhaltig illustriert.

Hubertus Günther
Antiquitäten – Chinesisches Porzellan
4552 / DM 7,80

Friedrich W. Doucet
Antiquitäten – Asiatika
4565 / DM 6,80

Walter Grasser
Antiquitäten – Münzen des Altertums
4569 / DM 5,80

Walter Spiegl
Antiquitäten – Meissner Porzellan
4577 / DM 9,80

Albrecht Bangert
Antiquitäten – Lampen 1890–1930
4581 / DM 7,80

Lydia L. Dewiel
Antiquitäten – Französische Möbel
4586 / DM 5,80

Antiquitäten – Englische Kleinkunst
4610 / DM 6,80

Ulrich Klever
Antiquitäten – Alte Küchengeräte
4616 / DM 8,80

Albrecht Bangert
Antiquitäten – Thonet-Möbel
4634 / DM 7,80

Jörg Nimmergut
Antiquitäten – Deutsche Orden
4641 / DM 8,80

Walter Grasser
Antiquitäten – Medaillen und Plaketten
4647 / DM 7,80

Lydia L. Dewiel
Antiquitäten – Englisches Silber
4672 / DM 6,80

Marlies Schirmer
Einführung in die Antiquitätenkunde
4675 / DM 7,80

Robert Bloch
Antiquitäten – Jade
4678 / DM 7,80

Walter Spiegl
Dekorative Graphik
4705 / DM 7,80

Wilhelm Heyne Verlag München

DIE GROSSEN KULTUREN DER WELT

ARCHAEOLOGIA MUNDI

In dieser Heyne-Taschenbuchreihe werden die großen Kulturepochen der Menschheit mit wissenschaftlicher Sorgfalt und einzigartigem Bildmaterial dargestellt. Kenner, Fachleute und Gelehrte von internationalem Rang geben in dieser schön ausgestatteten, gleichwohl preiswerten Taschenbuchedition einen authentischen Einblick in die erregende Wirklichkeit der Archäologie.

Nikolas Platon
Kreta
1 / DM 9,80

Raymond Bloch
Die Etrusker
2 / DM 8,80

Jacques Soustelle
Mexiko
3 / DM 9,80

Maurizio Taddei
Indien
4 / DM 9,80

Rolf Hachmann
Die Germanen
5 / DM 9,80

Jean-Louis Huot
Persien I
6 / DM 9,80

V. Karageorghis
Zypern
7 / DM 10,80

J.-C. Margueron
Mesopotamien
8 / DM 9,80

U. Bahadir Alkim
Anatolien I
9 / DM 9,80

Rafael Larco Hoyle
Peru
10 / DM 9,80

Aleksandr Belenickij
Zentralasien
11 / DM 9,80

Wladimir G. Lukonin
Persien II
12 / DM 9,80

Gilbert Picard
Rom
13 / DM 9,80

Vadime Eliseeff
Japan
14 / DM 9,80

Antoine Bon
Byzanz
15 / DM 9,80

Henri Metzger
Anatolien II
16 / DM 9,80

Guiseppe Tucci
Tibet
17 / DM 9,80

Claude F. Baudez
Mittelamerika
18 / DM 9,80

B. Ph. Groslier
Indochina
19 / DM 9,80

Jean-Jacques Hatt
Kelten und Gallo-Romanen
20 / DM 12,80

Jean Perrot
Syrien-Palästina I
21 / DM 10,80

P. Charoenwongsa/ M. C. S. Diskul
Thailand
22 / DM 12,80

E. Condurachi/ C. Diacoviciu
Rumänien
23 / DM 9,80

Wilhelm Heyne Verlag München

Heyne Sammlerbibliothek

Herausgegeben von Ulrich Klever

In der Taschenbuchreihe »Heyne Sammlerbibliothek« werden reizvolle Sammelgebiete vorgestellt, die verschiedenartigste und ausgefallenste Objekte und Kuriositäten von kulturhistorischem wie ästhetischem Wert umfassen. Ulrich Klever, selbst international bekannter Autor und auch Sammler, ist der Herausgeber dieser außergewöhnlichen Reihe.

Andreas & Angela Hopf
Liebig-Bilder
1 / DM 12,80

Günter und Jutta Griebel
Nippes
2 / DM 9,80

Heinz Günter Deiters
Zündholz-Etiketten
3 / DM 9,80

Ulrich Klever
Bierdeckel
4 / DM 10,80

Ulrich Klever
Hunde
5 / DM 12,80

Andreas & Angela Hopf
Ex Libris
6 / DM 9,80

Jürgen Cieslik
Blech-Spielzeug
7 / DM 17,80

Ulrich Klever
Notgeld
8 / DM 16,80

Ulrich Klever
Stöcke
9 / DM 12,80

Wolfram zu Mondfeld
Historische Modellschiffe
10 / DM 14,80

Roman Franke
Emaille-Schilder
11 / DM 8,80
(Februar '81)

Werner P. Hoffmann
Katzen
12 / DM 9,80

Ulrich Klever
Erotica
13 / DM 12,80
(April '81)

Margrit v. Denffer
Poesie-Bilder
14 / DM 9,80
(Juni '81)

Wolfgang Gatzka
WHW-Abzeichen
15 / DM 7,80
(August '81)

Andreas & Angela Hopf
Reklame-Marken
16 / DM 10,80
(Oktober '81)

Wilhelm Heyne Verlag München

HEYNE BÜCHER

Jeden Monat mehr als vierzig neue Heyne Taschenbücher.

Allgemeine Reihe
mit großen Romanen
und Erzählungen
berühmter Autoren

Heyne Sachbuch

Der große Liebesroman

Heyne Jugend-Taschenbücher

Das besondere Bilderbuch

Heyne Ex Libris

Heyne Sammlerbibliothek

Das besondere Taschenbuch

Heyne Lyrik
Heyne Biographien
Heyne Geschichte
Archaeologia Mundi
Enzyklopädie der Weltkunst
Heyne Filmbibliothek
Heyne Discothek
Heyne Ratgeber
Heyne Kochbücher
Heyne kompaktwissen
Heyne Krimi
Romantic Thriller
Heyne Western

Heyne Science Fiction und Fantasy

Ausführlich informiert Sie das Gesamtverzeichnis der Heyne-Taschenbücher.
Bitte mit diesem Coupon oder mit Postkarte anfordern.

Senden Sie mir bitte kostenlos das neue Gesamtverzeichnis

Name

Straße

PLZ/Ort

An den Wilhelm Heyne Verlag
Postfach 201204 · 8000 München 2